CHALLENGE

주일학교를 세우는
365 교사기도 챌린지

생명의말씀사

곽상학, 이도복 지음

주일학교를 세우는
365 교사 기도 챌린지

© 생명의말씀사 2023

2023년 4월 21일 1판 1쇄 발행

펴낸이 | 김창영
펴낸곳 | 생명의말씀사

등록 | 1962. 1. 10. No.300-1962-1
주소 | 서울시 종로구 경희궁1길 6 (03176)
전화 | 02)738-6555(본사)·02)3159-7979(영업)
팩스 | 02)739-3824(본사)·080-022-8585(영업)

지은이 | 곽상학, 이도복

기획편집 | 김유미
디자인 | 김혜진
인쇄 | 영진문원
제본 | 썬라인

ISBN 978-89-04-16829-3 (03230)

저작권자의 허락 없이 이 책의 일부 또는 전체를
무단 복제, 전재, 발췌하면 저작권법에 의해 처벌을 받습니다.

사랑하는 자들아
너희는 너희의 지극히 거룩한 믿음 위에 자신을 세우며
성령으로 기도하며
하나님의 사랑 안에서 자신을 지키며
영생에 이르도록 우리 주 예수 그리스도의
긍휼을 기다리라

유 1:20-21

12.31

사무엘이 돌을 취하여 미스바와 센 사이에 세워 이르되 여호와께서 여기까지 우리를 도우셨다 하고 그 이름을 에벤에셀이라 하니라 _ 삼상 7:12

한 해 동안 우리 주일학교를
인도해 주신 하나님께 감사합니다.
하나님께 받은 은혜를 기억하며
새로운 해를 기쁘게 맞이하는
주일학교가 되게 하소서.

주일학교를 세우는 365 교사 기도 챌린지

'주일학교를 위한 기도'란 무엇일까요?
다음 세대가 하나님의 살아계심을 볼 수 있도록 다리를 놓아 주는 시간입니다.
교사의 사명을 확신하며, 나에게 맡겨 주신 한 영혼을 사랑하는 시간입니다.
『주일학교를 세우는 365 기도 챌린지』를 통해
교사인 여러분이 먼저 하나님을 깊이 만나시기를 바랍니다.
그리고 우리의 기도로 한국교회의 주일학교가 다시 살아났다는 소식이
곳곳에서 들리길 간절히 소망합니다.

곽상학 목사 | 안양제일교회 교육총괄 목사, 다음세움선교회 대표. 연세대학교 교육학과(B.A.), 백석대학교 신학대학원(M.Div.), 총신대학교 교육대학원(M.ed.)에서 공부했으며, 저서로는 『청바지』, 『청진기』, 『한계란 없다』(이상 두란노), 『레디 액션 드라마 가정예배』, 『자녀를 세우는 52일 기도 챌린지』, 『자녀를 세우는 365 기도 챌린지』, 『주일학교를 세우는 52일 교사 기도 챌린지』(이상 생명의말씀사)가 있다.

이도복 목사 | 충신교회 교육총괄 목사, D6 Korea 컨퍼런스 협력목사. 장로회신학대학교 기독교교육(B.A.), 신학대학원(M.Div.)과 석사학위(Th.M.), San Francisco 신학교에서 박사학위(D.min.)를 마쳤으며, 저서로는 『모든 날 모든 순간 가정예배』, 『자녀를 세우는 52일 기도 챌린지』, 『자녀를 세우는 365 기도 챌린지』, 『주일학교를 세우는 52일 교사 기도 챌린지』(이상 생명의말씀사)가 있다.

12.30

내가 복음을 부끄러워하지 아니하노니 이 복음은 모든 믿는 자에게 구원을 주시는 하나님의 능력이 됨이라 먼저는 유대인에게요 그리고 헬라인에게로다
_ 롬 1:16

우리 아이들이 자신이 있는 자리에서
예수님의 제자로 살아가게 하소서.
복음을 부끄러워하지 않으며
예수님을 기쁘게 전하는
멋진 삶을 살게 하소서.

01.01

예수께서 이르시되 나를 따라오라 내가 너희로 사람을 낚는 어부가 되게 하리라 하시니
_ 막 1:17

사람을 낚는 어부로
불러 주신 하나님, 감사합니다.
맡겨진 아이들의 영혼을 위해
기도하는 교사가 되게 하소서.

12.29

아버지께 참되게 예배하는 자들은 영과 진리로 예배할 때가 오나니 곧 이때라 아버지께서는 자기에게 이렇게 예배하는 자들을 찾으시느니라 _ 요 4:23

참된 예배자를 찾으시는 하나님,
예배를 통해 하나님을 만날 수 있는
새로운 길을 열어 주셔서 감사합니다.
우리 주일학교가
영과 진리로 예배하게 하소서.

01.02

여호수아가 그들에게 이르되 두려워하지 말며 놀라지 말고 강하고 담대하라 너희가 맞서서 싸우는 모든 대적에게 여호와께서 다 이와 같이 하시리라 하고
_ 수 10:25

주일학교 목회자들에게
은총을 더해 주소서.
주일학교를 옳은 길로 인도하기에
부족함이 없도록 능력을 부어 주소서.

12.28

이 생명이 나타내신 바 된지라 이 영원한 생명을 우리가 보았고 증언하여 너희에게 전하노니 이는 아버지와 함께 계시다가 우리에게 나타내신 바 된 이시니라 _ 요일 1:2

우리 주일학교 예배에
말씀이 살아나게 하소서.
말씀을 듣고 자란 아이들이
영원한 생명을 증언하는
멋진 예배자로 성장하게 하소서.

01.03

너희로 지극히 선한 것을 분별하며 또 진실하여 허물없이 그리스도의 날까지 이르고 예수 그리스도로 말미암아 의의 열매가 가득하여 하나님의 영광과 찬송이 되기를 원하노라
_ 빌 1:10-11

우리 반 아이들에게
견고한 믿음을 주시고
시대를 분별하는 지혜를 주소서.
세상에서 승리하는 삶을 살도록
인도하소서.

12.27

그리스도께서 하나님 곧 우리 아버지의 뜻을 따라 이 악한 세대에서 우리를 건지시려고 우리 죄를 대속하기 위하여 자기 몸을 주셨으니 _ 갈 1:4

이 악한 세대에서 우리를 구원하신
예수님을 기억하는 아이들이 되게 하소서.
악한 문화에 이끌려 가지 않고
선한 영향력으로 문화를 이끌게 하소서.

01.04

모든 겸손과 온유로 하고 오래 참음으로 사랑 가운데서 서로 용납하고 평안의 매는 줄로 성령이 하나 되게 하신 것을 힘써 지키라 _ 엡 4:2-3

우리 주일학교가 겸손하고, 온유하고,
오래 참음으로 서로 용납하며,
성령으로 하나 되는
주일학교가 되게 하소서.

12.26

이 백성은 내가 나를 위하여 지었나니 나를 찬송하게 하려 함이니라 _ 사 43:21

아이들의 마음에 하나님을 예배하는
거룩한 열정과 기쁨을 주소서.
예배를 간절히 사모하며 기다리는
소망으로 가득 차게 하소서.

01.05

그런즉 너희는 먼저 그의 나라와 그의 의를 구하라 그리하면 이 모든 것을 너희에게 더하시리라 _ 마 6:33

바쁜 일상 속에서 우선순위를
잘 정하는 교사가 되게 하소서.
말씀을 가장 중요하게 여기며
공과 준비에 최선을 다하게 하소서.

12.25

유대인의 왕으로 나신 이가 어디 계시냐 우리가 동방에서 그의 별을 보고 그에게 경배하러 왔노라 하니 _ 마 2:2

온 세상의 왕으로 오신 예수님을
마음 다해 경배하는
주일학교가 되게 하소서.
영원히 함께하겠다고 약속하신
임마누엘의 복을 기억하게 하소서.

01.06

모든 성경은 하나님의 감동으로 된 것으로 교훈과 책망과 바르게 함과 의로 교육하기에 유익하니 이는 하나님의 사람으로 온전하게 하며 모든 선한 일을 행할 능력을 갖추게 하려 함이라 _ 딤후 3:16-17

교훈과 책망과 바르게 함과
의로 교육함이 이루어지는
공과 시간이 되게 하소서.
그로 인해 아이들이 하나님의 사람으로
힘있게 성장하게 하소서.

12.24

아브라함이 그 땅 이름을 여호와 이레라 하였으므로 오늘날까지 사람들이 이르기를 여호와의 산에서 준비되리라 하더라
_ 창 22:14

예배의 모든 순서마다
하나님의 일하심을 깨닫는
아이들이 되게 하소서.
예배의 감격으로 아이들의 삶이
변하게 하소서.

01.07

나의 힘이시여 내가 주께 찬송하오리니 하나님은 나의 요새이시며 나를 긍휼히 여기시는 하나님이심이니이다 _ 시 59:17

교사의 자리에서 새 힘을 얻게 하소서.
아이들을 바라볼 때
지친 마음이 회복되고
기쁨이 넘치게 하소서.

12.23

복음에는 하나님의 의가 나타나서 믿음으로 믿음에 이르게 하나니 기록된 바 오직 의인은 믿음으로 말미암아 살리라 함과 같으니라 _ 롬 1:17

하나님의 의를 묵묵히 따르며
천국을 바라보는 교사가 되게 하소서.
아이들이 이 땅에서 천국을 경험하도록
돕는 교사가 되게 하소서.

01.08

이 일이 장래 세대를 위하여 기록되리니 창조함을 받을 백성이 여호와를 찬양하리로다
_ 시 102:18

이 땅에 아이들을 보내 주시고,
가정에서 자라게 하심에 감사합니다.
아이들이 가정에서 말씀과 사랑을 먹으며
영과 육이 강건해지게 하소서.

12.22

그러므로 우리는 예수로 말미암아 항상 찬송의 제사를 하나님께 드리자 이는 그 이름을 증언하는 입술의 열매니라
_ 히 13:15

아브라함, 야곱, 다윗처럼
어렵고 힘들 때도, 기쁘고 감사할 때도
삶에서 하나님을 예배하는
우리 반 아이들이 되게 하소서.

01.09

공의로 세계를 심판하심이여 정직으로 만민에게 판결을 내리시리로다 _ 시 9:8

공의로 심판하시며
겸손한 자를 판단하시는 하나님,
우리 반 아이들을 참된 진리로
이끌어 주셔서 선악을 알게 하소서.

12.21

오직 나는 주의 풍성한 사랑을 힘입어 주의 집에 들어가 주를 경외함으로 성전을 향하여 예배하리이다 _ 시 5:7

우리 주일학교가
하나님을 예배하는 선하고
아름다운 공동체가 되길 원합니다.
한마음과 한뜻을 품도록 인도하소서.

01.10

맡은 자들에게 주장하는 자세를 하지 말고 양 무리의 본이 되라 그리하면 목자장이 나타나실 때에 시들지 아니하는 영광의 관을 얻으리라 _ 벧전 5:3-4

우리 반 아이들이
시들지 않는 영광의 관을 얻길 원합니다.
날마다 쉴만한 물가로
아이들의 영혼을 인도하소서.

12.20

너희가 전에는 어둠이더니 이제는 주 안에서 빛이라 빛의 자녀들처럼 행하라 _ 엡 5:8

서로 다른 성품과 모습을 가진 아이들이
서로를 이해하며
있는 모습 그대로를 받아들이는
따뜻한 주일학교가 되게 하소서.

01.11

여호와여 내가 주께 대한 소문을 듣고 놀랐나이다 여호와여 주는 주의 일을 이 수년 내에 부흥하게 하옵소서 이 수년 내에 나타내시옵소서 진노 중에라도 긍휼을 잊지 마옵소서 _ 합 3:2

교사들에게 영적 부흥을 허락하소서.
삶이 말씀에 이끌리는
놀라운 은혜를 경험하게 하소서.

12.19

허물로 죽은 우리를 그리스도와 함께 살리셨고 너희는 은혜로 구원을 받은 것이라 _ 엡 2:5

사랑하는 우리 반 아이들이
자신의 허물과 연약함을 긍휼히 여기시는
하나님의 크신 은혜를 발견하게 하소서.

01.12

여호와께서 모세에게 이르시되 백성 앞을 지나서 이스라엘 장로들을 데리고 나일 강을 치던 네 지팡이를 손에 잡고 가라
_ 출 17:5

사랑하는 우리 반 아이들이
예수님을 바라보며
십자가의 길로 돌아오도록
주의 지팡이로 이끌어 주소서.

12.18

형제들아 내가 우리 주 예수 그리스도의 이름으로 너희를 권하노니 모두가 같은 말을 하고 너희 가운데 분쟁이 없이 같은 마음과 같은 뜻으로 온전히 합하라 _ 고전 1:10

세상이 알 수 없는 연합의 아름다움을
깨닫는 아이들이 되길 원합니다.
개인주의가 팽배한 세상 속에서도
다른 사람의 손을 잡아 주고
이끌어 주는 아이들이 되게 하소서.

01.13

그리하면 네 빛이 새벽같이 비칠 것이며 네 치유가 급속할 것이며 네 공의가 네 앞에 행하고 여호와의 영광이 네 뒤에 호위하리니 _ 사 58:8

아이들의 가정에 있는 상처를
치유해 주소서.
하나님의 형상을 회복하고
서로의 상처를 안아 주게 하소서.

12.17

바나바는 착한 사람이요 성령과 믿음이 충만한 사람이라 이에 큰 무리가 주께 더하여지더라
_ 행 11:24

우리 반 아이들이 바나바처럼
성령과 믿음이 충만한 사람으로
성장하게 하소서.
아이들을 통해 더 많은 무리가
하나님께 돌아오게 하소서.

01.14

이같이 내가 여러 나라의 눈에 내 위대함과 내 거룩함을 나타내어 나를 알게 하리니 내가 여호와인 줄을 그들이 알리라
_ 겔 38:23

하나님이 주신 꿈을 이루기 위해
달려가는 아이들에게
건강과 지혜와 능력을 주소서.
무엇보다 영적인 분별력을 주셔서
거룩함의 능력을 깨닫게 하소서.

이것을 너희에게 이르는 것은 너희로 내 안에서 평안을 누리게 하려 함이라 세상에서는 너희가 환난을 당하나 담대하라 내가 세상을 이기었노라
_ 요 16:33

우리 반 아이들이 자신이 있는 자리에서
하나님 나라를 증거하며 살게 하소서.
세상을 이기신 예수님을 바라보며
담대하게 증거하도록 용기를 주소서.

01.15

심령이 가난한 자는 복이 있나니 천국이 그들의 것임이요
_ 마 5:3

천국의 놀라운 비밀을
가르쳐 주신 하나님, 감사합니다.
이 비밀을 사랑하는 우리 반 아이들에게
지혜롭게 가르치는 교사가 되게 하소서.

12.15

믿음이 없어 하나님의 약속을 의심하지 않고 믿음으로 견고하여져서 하나님께 영광을 돌리며
_ 롬 4:20

굳건한 반석 위에 세운 믿음의 유산을
반 아이들에게 물려주는
교사가 되게 하소서.

01.16

우리가 이것을 말하거니와 사람의 지혜가 가르친 말로 아니하고 오직 성령께서 가르치신 것으로 하니 영적인 일은 영적인 것으로 분별하느니라
_ 고전 2:13

우리를 흔들고 넘어뜨리려는
혼란의 영과 분열의 영이
아이들을 틈타지 않도록 지켜 주소서.
아이들에게 분별의 지혜를 주셔서
하나님이 주신 마음을 보게 하소서.

12.14

은혜와 긍휼과 평강이 하나님 아버지와 아버지의 아들 예수 그리스도께로부터 진리와 사랑 가운데서 우리와 함께 있으리라
_ 요이 1:3

주일학교 아이들이
함께 예배하고, 함께 말씀을 먹고,
함께 기도하고, 함께 성장하며
서로의 모습 속에서
예수님의 깊은 사랑을 깨닫게 하소서.

01.17

내 말과 내 전도함이 설득력 있는 지혜의 말로 하지 아니하고 다만 성령의 나타나심과 능력으로 하여 너희 믿음이 사람의 지혜에 있지 아니하고 다만 하나님의 능력에 있게 하려 하였노라 _ 고전 2:4-5

사랑하는 우리 반 아이들이
사람의 지혜가 아닌
하나님이 주시는 지혜를 얻게 하소서.
성령님이 지혜를 가르쳐 주소서.

12.13

나를 사랑하고 내 계명을 지키는 자에게는 천 대까지 은혜를 베푸느니라 _ 출 20:6

사랑하는 우리 반 아이들의 가정에
대대로 복이 흐르게 하소서.
아브라함, 이삭, 야곱이 받았던 기업의
복을 받아 하늘나라 백성만이 받는
특별한 은혜를 누리게 하소서.

01.18

네 친구와 네 아비의 친구를 버리지 말며 네 환난 날에 형제의 집에 들어가지 말지어다 가까운 이웃이 먼 형제보다 나으니라
_ 잠 27:10

우리 주일학교 아이들이
보람찬 학교생활을 하게 하소서.
지식을 배움과 동시에
친구들과 함께하는 기쁨을 누리게 하소서.

12.12

만물이 그로 말미암아 지은 바 되었으니 지은 것이 하나도 그가 없이는 된 것이 없느니라
_ 요 1:3

창조 신앙을 가르치고 배우는
주일학교가 되게 하소서.
말씀을 통해 하나님의 창조하심을
분명히 보게 하소서.

01.19

그러나 내가 긍휼을 입은 까닭은 예수 그리스도께서 내게 먼저 일체 오래 참으심을 보이사 후에 주를 믿어 영생 얻는 자들에게 본이 되게 하려 하심이라
_ 딤전 1:16

긍휼한 교사가 되길 원합니다.
오래 참음으로 아이들을 돌보게 하시고
따뜻한 마음으로
아이들의 상처와 아픔을 보듬게 하소서.

12.11

여호와께 감사하라 그는 선하시며 그 인자하심이 영원함이로다
_ 시 136:1

구원의 소식을 널리 전하는
온유한 교사로 세워 주소서.
하나님의 역사하심을 보며,
하나님의 선하심을 증거하게 하소서.

01.20

하나님은 무질서의 하나님이 아니시요 오직 화평의 하나님이시니라 _ 고전 14:33

질서의 하나님,
어지럽고 혼란스러운 세상에서
우리 반 아이들을 지켜 주소서.
거룩한 길로 인도해 주소서.

12.10

사랑하는 자들아 우리가 서로 사랑하자 사랑은 하나님께 속한 것이니 사랑하는 자마다 하나님으로부터 나서 하나님을 알고 사랑하지 아니하는 자는 하나님을 알지 못하나니 이는 하나님은 사랑이심이라 _ 요일 4:7-8

우리 반 아이들이
하나님의 사랑을 깨닫게 하소서.
하나님께 받은 사랑에 감사함으로
이웃을 사랑하게 하소서.

01.21

여호와는 마음이 상한 자를 가까이 하시고 충심으로 통회하는 자를 구원하시는도다 _ 시 34:18

교사로 아이들을 섬기며 상한 마음을 회복시켜 주소서.
눈물을 닦아 주시고 상처를 치유해 주셔서
따듯한 마음을 회복하게 하소서.

12.09

너희도 각각 자기의 아내 사랑하기를 자신같이 하고 아내도 자기 남편을 존경하라 _ 엡 5:33

우리 반 아이들의 가정이
항상 평안하기를 원합니다.
아이들의 부모가 서로 사랑하고
서로 존중하게 하소서.

01.22

내가 여호와를 항상 내 앞에 모심이여 그가 나의 오른쪽에 계시므로 내가 흔들리지 아니하리로다 _ 시 16:8

잘못된 가치관과 세계관이
우리 반 아이들의 생각과 삶을
흔들지 못하도록 지켜 주소서.

12.08

이로써 그리스도를 섬기는 자는 하나님을 기쁘시게 하며 사람에게도 칭찬을 받느니라 _ 롬14:18

사랑하는 우리 주일학교가
하나님을 기쁘시게 하는
주일학교가 되길 원합니다.
서로를 격려하고 칭찬하며 위로하는
선한 마음을 주소서.

01.23

이와 같이 성령도 우리의 연약함을 도우시나니 우리는 마땅히 기도할 바를 알지 못하나 오직 성령이 말할 수 없는 탄식으로 우리를 위하여 친히 간구하시느니라 _ 롬 8:26

기도로 힘과 능력을 얻는
교사가 되게 하소서.
말할 수 없는 탄식으로
우리를 위해 기도하시는 성령님과
동행하는 은혜를 경험하게 하소서.

12.07

여호와가 너를 항상 인도하여 메마른 곳에서도 네 영혼을 만족하게 하며 네 뼈를 견고하게 하리니 너는 물 댄 동산 같겠고 물이 끊어지지 아니하는 샘 같을 것이라 _ 사 58:11

물 댄 동산같이
생명력이 넘치는 교사가 되게 하소서.
방황하는 아이들을 진리로 인도하는
교사로 사용해 주소서.

01.24

이때부터 예수께서 비로소 전파하여 이르시되 회개하라 천국이 가까이 왔느니라 하시더라
_ 마 4:17

우리 반 아이들과 함께
아픔도, 슬픔도, 눈물도 없는
영원한 나라 천국을 바라보며
죄가 가득한 세상에서 승리하게 하소서.

12.06

나의 힘이신 여호와여 내가 주를 사랑하나이다 _ 시 18:1

사랑하는 우리 반 아이들이
돈보다, 쾌락보다, 자기 자신보다
그 무엇보다 하나님을 사랑하길 원합니다.
하나님을 뜨겁게 사랑하게 하소서.

01.25

하나님은 모든 사람이 구원을 받으며 진리를 아는 데에 이르기를 원하시느니라 _ 딤전 2:4

복음이 필요한 아이들의 가정이 있습니다.
가족의 구원을 위해 기도하는
아이들의 마음을 긍휼히 여겨 주시고
아이들을 통해 가족이 구원받게 하소서.

12.05

긍휼히 여기는 자는 복이 있나니 그들이 긍휼히 여김을 받을 것임이요 _ 마 5:7

우리 주일학교 아이들이
서로의 허물을 기꺼이 덮어 주며
서로의 아픔을 위해
눈물로 기도하게 하소서.

01.26

만군의 하나님이여 우리를 회복하여 주시고 주의 얼굴의 광채를 비추사 우리가 구원을 얻게 하소서 _ 시 80:7

상처 난 아이들의 마음과 생각에
은혜의 연고를 발라 주소서.
덧났던 상처에 새살이 돋는
회복이 일어나게 하소서.

12.04

사람이 나를 섬기려면 나를 따르라 나 있는 곳에 나를 섬기는 자도 거기 있으리니 사람이 나를 섬기면 내 아버지께서 그를 귀히 여기시리라 _ 요 12:26

아이들을 섬기며 큰 기쁨을 누리는
교사가 되길 원합니다.
예수님을 따르는 아이들을 보며
기뻐하게 하소서.

01.27

소금은 좋은 것이로되 만일 소금이 그 맛을 잃으면 무엇으로 이를 짜게 하리요 너희 속에 소금을 두고 서로 화목하라 하시니라 _ 막 9:50

소금의 역할을 하는 교사가 되게 하소서.
삶의 현장에서 신실하게 살아냄으로
예수님의 이름이 증거되는
아름다움을 보게 하소서.

12.03

대답하여 이르되 옷 두 벌 있는 자는 옷 없는 자에게 나눠 줄 것이요 먹을 것이 있는 자도 그렇게 할 것이니라 하고 _ 눅 3:11

우리에게 모든 것을
아끼지 않고 내어 주신 예수님을 닮는
아이들이 되게 하소서.
자기의 풍족한 것을 친구들에게
후하게 나누는 아이들이 되게 하소서.

01.28

너희는 처음부터 들은 것을 너희 안에 거하게 하라 처음부터 들은 것이 너희 안에 거하면 너희가 아들과 아버지 안에 거하리라 그가 우리에게 약속하신 것은 이것이니 곧 영원한 생명이니라 _ 요일 2:24-25

우리 반 아이들이
사라질 것에 소망을 두지 않고
천국, 영원한 생명에 뿌리 내리게 하소서.
하나님 나라를 꿈꾸게 하소서.

12.02

내가 내 자녀들이 진리 안에서 행한다 함을 듣는 것보다 더 기쁜 일이 없도다 _ 요삼 1:4

우리 주일학교가
진리 안에서 행동하게 하소서.
주변과 이웃을 돌아보며
하나님을 사랑하는 자녀들이 되게 하소서.

01.29

우리 주 예수 그리스도를 변함 없이 사랑하는 모든 자에게 은혜가 있을지어다 _ 엡 6:24

사랑하는 우리 반 아이들에게
하나님의 신실한 사랑을 베풀어 주소서.
급변하는 세상에 흔들리지 않고
변함없는 하나님의 사랑을
의지하게 하소서.

12.01

성령이 친히 우리의 영과 더불어 우리가 하나님의 자녀인 것을 증언하시나니 _ 롬 8:16

하나님의 자녀라는 정체성을 붙들고
끝까지 교사의 사명을 감당하게 하소서.
견고하고 한결같이
흔들리지 않는 믿음을 허락하소서.

01.30

그가 병들어 죽게 되었으나 하나님이 그를 긍휼히 여기셨고 그뿐 아니라 또 나를 긍휼히 여기사 내 근심 위에 근심을 면하게 하셨느니라 _ 빌 2:27

주님, 우리 아이들을 긍휼히 여겨 주소서.
아이들이 고통 속에 있을 때도
함께해 주시고,
아이들의 눈물을 닦아 주소서.

11.30

항상 기뻐하라 쉬지 말고 기도하라 범사에 감사하라 이것이 그리스도 예수 안에서 너희를 향하신 하나님의 뜻이니라
_ 살전 5:16-18

사랑하는 우리 아이들이
하나님으로 인해 항상 기뻐하게 하시고,
언제 어디서나 기도하며,
모든 일에 감사하는 아이들로
자라게 하소서.

01.31

여호와께서 말씀하시되 오라 우리가 서로 변론하자 너희의 죄가 주홍 같을지라도 눈과 같이 희어질 것이요 진홍같이 붉을지라도 양털같이 희게 되리라
_ 사 1:18

우리 반 아이들의 죄가 주홍 같을지라도
눈과 같이 희게 하시고,
진홍같이 붉을지라도
양털같이 희게 하셔서
하나님의 자녀다운 삶을 살게 하소서.

11.29

기도를 계속하고 기도에 감사함으로 깨어 있으라 _ 골 4:2

우리를 향하신 하나님의 뜻을 깨닫는
우리 반 아이들이 되길 원합니다.
기뻐하고, 기도하고, 감사하며
하나님의 뜻을 깨닫게 하소서.

02.01

집에 와서 그 벗과 이웃을 불러모으고 말하되 나와 함께 즐기자 나의 잃은 양을 찾아내었노라 하리라 _ 눅 15:6

한 영혼을 천하보다 귀하게 여기시는
주님의 마음을 닮아
우리 반 아이들을 귀하게 여기며
존중하는 교사가 되게 하소서.

11.28

주를 찾는 자는 다 주 안에서 즐거워하고 기뻐하게 하시며 주의 구원을 사랑하는 자는 항상 말하기를 여호와는 위대하시다 하게 하소서 _ 시 40:16

주일학교를 생각하는 아이들의 마음이
기쁨과 기대로 가득 차게 하소서.
선생님을 사랑하고
친구들과의 만남을 기뻐하게 하소서.

02.02

마음이 청결한 자는 복이 있나니 그들이 하나님을 볼 것임이요 _ 마 5:8

우리 반 아이들의 마음을
깨끗하게 하소서.
마음의 중심을 보시는 하나님을 의식하며
거짓 없는 진실한 성품으로
하나님께 영광 돌리게 하소서.

11.27

사무엘이 이르되 여호와께서 번제와 다른 제사를 그의 목소리를 청종하는 것을 좋아하심같이 좋아하시겠나이까 순종이 제사보다 낫고 듣는 것이 숫양의 기름보다 나으니 _ 삼상 15:22

말씀을 사랑하는 교사가 되게 하소서.
아침저녁으로 말씀 묵상하기를 기뻐하고
말씀 앞에 순종하는 삶을 살게 하소서.

02.03

우리가 이를 그들의 자손에게 숨기지 아니하고 여호와의 영예와 그의 능력과 그가 행하신 기이한 사적을 후대에 전하리로다
_ 시 78:4

온 성도가 마음과 뜻을 모아
주일학교 아이들에게
신앙의 유산을 물려주게 하소서.
하나님이 주신 생명의 말씀을
전하게 하소서.

그의 십자가의 피로 화평을 이루사 만물 곧 땅에 있는 것들이나 하늘에 있는 것들이 그로 말미암아 자기와 화목하게 되기를 기뻐하심이라 _ 골 1:20

서로의 존재를 기뻐하는
주일학교가 되게 하소서.
하나님이 주신 마음을 나누며
서로에게 축복의 통로가 되게 하소서.

02.04

여호와여 우리에게 은혜를 베푸소서 우리가 주를 앙망하오니 주는 아침마다 우리의 팔이 되시며 환난 때에 우리의 구원이 되소서 _ 사 33:2

하나님의 사랑을 아침마다 회복하는
교사가 되길 원합니다.
그 사랑으로 호흡하게 하시고
그 사랑으로 아이들을 가르치게 하소서.

11.25

여호와의 영광이 그룹에서 올라와 성전 문지방에 이르니 구름이 성전에 가득하며 여호와의 영화로운 광채가 뜰에 가득하였고 _ 겔 10:4

우리 주일학교 아이들이 다니는
모든 학교에 하나님의 은혜를 부어 주소서.
아이들이 오래 머무르고 싶은
배움의 터가 되게 하소서.

02.05

그러므로 너희는 하나님이 택하사 거룩하고 사랑받는 자처럼 긍휼과 자비와 겸손과 온유와 오래 참음을 옷 입고 _ 골 3:12

우리 아이들이 하나님께 택함 받은
백성이 되길 원합니다.
긍휼과 겸손과 자비와
오래 참음을 옷 입고
거룩한 자녀로 살게 하소서.

11.24

날마다 마음을 같이하여 성전에 모이기를 힘쓰고 집에서 떡을 떼며 기쁨과 순전한 마음으로 음식을 먹고 _ 행 2:46

사랑하는 우리 반 아이들이
교회에 오기를 기뻐하게 하소서.
안아 주며 맞이하는 선생님들을 통해
하나님의 사랑을 느끼게 하소서.

02.06

오직 내가 이것을 그들에게 명령하여 이르기를 너희는 내 목소리를 들으라 그리하면 나는 너희 하나님이 되겠고 너희는 내 백성이 되리라 너희는 내가 명령한 모든 길로 걸어가라 그리하면 복을 받으리라 하였으나 _ 렘 7:23

우리 반 아이들을
하나님의 백성으로 삼아 주시고,
하나님의 풍성한 긍휼을 베풀어 주소서.
하나님이 명령하신 길만 걸어가는
아이들이 되게 하소서.

11.23

일어나라 빛을 발하라 이는 네 빛이 이르렀고 여호와의 영광이 네 위에 임하였음이니라
_ 사 60:1

교사의 사명을 감당하며 지칠 때
하나님의 사랑의 음성을 듣고
다시 일어나 새 소망을 품게 하소서.

02.07

미쁘다 모든 사람이 받을 만한 이 말이여 그리스도 예수께서 죄인을 구원하시려고 세상에 임하셨다 하였도다 죄인 중에 내가 괴수니라 _ 딤전 1:15

말씀을 가르치기 전에
먼저 말씀에 나의 모습을
비춰 보는 교사가 되게 하소서.
연약함을 깨닫고
말씀 위에 바로 서게 하소서.

11.22

나는 여호와로 말미암아 즐거워하며 나의 구원의 하나님으로 말미암아 기뻐하리로다
_ 합 3:18

사랑하는 우리 반 아이들이
구원받은 자의 모습으로 살게 하소서.
말과 행동에서 구원받은 기쁨이
드러나게 하소서.

02.08

오직 너희는 믿음과 말과 지식과 모든 간절함과 우리를 사랑하는 이 모든 일에 풍성한 것같이 이 은혜에도 풍성하게 할지니라 _ 고후 8:7

교회에서 배운 찬송과 말씀과 율동이
아이들의 가정에 흘러가게 하소서.
가정에서 보내는 평일의 시간에도
예배자로 살아가게 하소서.

11.21

내가 이것을 너희에게 이름은
내 기쁨이 너희 안에 있어 너희
기쁨을 충만하게 하려 함이라
_ 요 15:11

우리 교회 주일학교에
기도 소리, 웃음소리, 찬양의 소리가
끊이지 않고 왕성해지게 하소서.
주일학교로 인해 기쁨이 넘치는
교회가 되게 하소서.

02.09

손을 내밀어 병을 낫게 하시옵고 표적과 기사가 거룩한 종 예수의 이름으로 이루어지게 하옵소서 하더라 _ 행 4:30

도움이 필요한 아이들에게
손을 내밀 수 있는 교사가 되게 하소서.
어려운 아이들을 볼 수 있도록
넓은 시야와 깊은 마음을 주소서.

11.20

오직 여호와의 율법을 즐거워하여 그의 율법을 주야로 묵상하는도다 _ 시 1:2

말씀으로 역사하시는 하나님,
우리 반 아이들이 말씀을 묵상하며
하나님을 만나게 하소서.
마음을 활짝 열고
말씀을 아멘으로 받게 하소서.

02.10

우리가 무슨 일이든지 우리에게서 난 것같이 스스로 만족할 것이 아니니 우리의 만족은 오직 하나님으로부터 나느니라
_ 고후 3:5

사랑하는 우리 반 아이들이
세상의 것으로 만족할 수 있다는 거짓에
속지 않게 하소서.
평생 예수님 한 분만으로 만족하며
영적인 부요함을 얻게 하소서.

11.19

사람아 주께서 선한 것이 무엇임을 네게 보이셨나니 여호와께서 네게 구하시는 것은 오직 정의를 행하며 인자를 사랑하며 겸손하게 네 하나님과 함께 행하는 것이 아니냐 _ 미 6:8

하나님의 계획을 따르는
교사가 되게 하소서.
하나님의 말씀에 겸손하게 귀를 기울여
하나님의 뜻을 깨닫게 하소서.

02.11

너희는 우리로 말미암아 나타난 그리스도의 편지니 이는 먹으로 쓴 것이 아니요 오직 살아 계신 하나님의 영으로 쓴 것이며 또 돌판에 쓴 것이 아니요 오직 육의 마음 판에 쓴 것이라
_ 고후 3:3

예수님의 온유한 마음을 닮은
교사가 되게 하소서.
사랑과 자비로 아이들을 대하는
그리스도의 편지 같은 교사가 되게 하소서.

11.18

꿈에 본즉 사닥다리가 땅 위에 서 있는데 그 꼭대기가 하늘에 닿았고 또 본즉 하나님의 사자들이 그 위에서 오르락내리락 하고 _ 창 28:12

우리 주일학교 아이들이
하나님이 주시는 꿈을 품게 하소서.
높아지고 싶은 욕망을 따르지 않고
다른 사람을 살리고 세워 주는
꿈을 갖게 하소서.

02.12

내 눈을 열어서 주의 율법에서
놀라운 것을 보게 하소서
_ 시 119:18

아이들에게 고난이 찾아와
마음이 짓눌릴 때,
하나님을 볼 수 있는 눈을 주시고
하나님의 손을 붙잡고 걸어갈 힘을 주소서.

11.17

모든 기도와 간구를 하되 항상 성령 안에서 기도하고 이를 위하여 깨어 구하기를 항상 힘쓰며 여러 성도를 위하여 구하라
_ 엡 6:18

사랑하는 우리 반 아이들이
반석 위에 믿음을 세우며
성령 안에서 늘 깨어 기도하는
주님의 신부가 되게 하소서.

02.13

형제들아 우리가 너희를 위하여 항상 하나님께 감사할지니 이것이 당연함은 너희의 믿음이 더욱 자라고 너희가 다 각기 서로 사랑함이 풍성함이니 _ 살후 1:3

서로를 세워 주고 격려하는
아이들의 가정이 되게 하소서.
서로를 존중하고 인정하는 마음을 주소서.

11.16

하나님이여 내 마음이 확정되었고 내 마음이 확정되었사오니 내가 노래하고 내가 찬송하리이다 _ 시 57:7

우리 반 아이들의 입술에
찬양이 넘쳐나게 하소서.
아이들의 찬송 소리가
하나님이 기뻐 받으시는
울림이 되게 하소서.

02.14

영접하는 자 곧 그 이름을 믿는 자들에게는 하나님의 자녀가 되는 권세를 주셨으니 _ 요 1:12

우리 반 아이들에게 친히 찾아오셔서
마음의 문을 두드려 주시고
구원의 은혜를 주소서.
하나님을 만나고 믿음을 고백하는
아이들이 되게 하소서.

11.15

의에 주리고 목마른 자는 복이 있나니 그들이 배부를 것임이요
_ 마 5:6

하나님의 의를 갈망하는
교사가 되게 하소서.
삶의 우선순위를 바로 잡아 주시고,
먼저 하나님의 나라와 의를 구하는
믿음을 주소서.

02.15

나 여호와가 말하노라 내 손이 이 모든 것을 지었으므로 그들이 생겼느니라 무릇 마음이 가난하고 심령에 통회하며 내 말을 듣고 떠는 자 그 사람은 내가 돌보려니와 _ 사 66:2

심령이 가난한 교사가 되게 하소서.
하나님의 도우심을 간절히 소망하며
교만한 자가 되지 않게 하소서.

지혜 있는 자는 궁창의 빛과 같이 빛날 것이요 많은 사람을 옳은 데로 돌아오게 한 자는 별과 같이 영원토록 빛나리라
_ 단 12:3

많은 사람을 하나님께 인도하는
아이들이 되게 하소서.
세상에 그리스도의 향기를 전하며
진리의 빛을 비추게 하소서.

02.16

내 이름을 경외하는 너희에게는 공의로운 해가 떠올라서 치료하는 광선을 비추리니 너희가 나가서 외양간에서 나온 송아지같이 뛰리라 _ 말 4:2

우리 반 아이들에게
하나님의 의를 선포해 주소서.
고아와 과부와 연약한 자들을
환난에서 건져 주신 것처럼
아이들에게 자유를 주소서.

11.13

자녀들아 주 안에서 너희 부모에게 순종하라 이것이 옳으니라 네 아버지와 어머니를 공경하라 이것은 약속이 있는 첫 계명이니 이로써 네가 잘되고 땅에서 장수하리라 _ 엡 6:1-3

우리 반 아이들이
부모를 공경하고 말씀에 순종하여
땅에서 장수하는 복을 누리게 하소서.

02.17

의인의 입술은 기쁘게 할 것을 알거늘 악인의 입은 패역을 말하느니라 _ 잠 10:32

사랑하는 우리 반 아이들의 입술에
하나님의 사랑의 언어,
예수님의 생명의 언어,
성령님의 기쁨의 언어를
가득 담아 주소서.

11.12

나의 간절한 기대와 소망을 따라 아무 일에든지 부끄러워하지 아니하고 지금도 전과 같이 온전히 담대하여 살든지 죽든지 내 몸에서 그리스도가 존귀하게 되게 하려 하나니 _ 빌 1:20

우리 주일학교 아이들이
하나님의 말씀을 따라 살 때
담대하게 하소서.
어떤 상황에서도 위축되지 않게 하소서.

02.18

우리가 우리 하나님께 기도하며 그들로 말미암아 파수꾼을 두어 주야로 방비하는데 _ 느 4:9

우리 주일학교 아이들이
다니는 학교에
섬김의 마음으로 무장한
교사들이 세워지게 하소서.

11.11

너는 청년의 때에 너의 창조주를 기억하라 곧 곤고한 날이 이르기 전에, 나는 아무 낙이 없다고 할 해들이 가깝기 전에, 비 뒤에 구름이 다시 일어나기 전에 그리하라 _ 전 12:1

창조주이신 하나님을 기억하는
아이들이 되게 하소서.
진화론적 세계관에 물들지 않도록
아이들을 지켜 주소서.

02.19

주께서 행하신 일을 주의 종들에게 나타내시며 주의 영광을 그들의 자손에게 나타내소서
_ 시 90:16

아이들을 교회에 보내는 부모들에게
신뢰하는 마음을 주소서.
부모와 교사가 함께 아이들에게
한량없는 복을 흘려보내는
믿음의 양육자가 되게 하소서.

11.10

박해를 받음과 고난과 또한 안디옥과 이고니온과 루스드라에서 당한 일과 어떠한 박해를 받은 것을 네가 과연 보고 알았거니와 주께서 이 모든 것 가운데서 나를 건지셨느니라 _ 딤후 3:11

우리 반 아이들이
고난 중에도 함께하시는
하나님을 바라보며
하나님의 보호하심 아래에서
쉼을 얻게 하소서.

02.20

하나님이여 주는 나의 하나님이시라 내가 간절히 주를 찾되 물이 없어 마르고 황폐한 땅에서 내 영혼이 주를 갈망하며 내 육체가 주를 앙모하나이다
_ 시 63:1

우리 반 아이들이 세상의 가르침에
현혹되지 않게 하소서.
하나님이 간절히 필요하다고
고백하는 영혼이 되게 하소서.

11.09

바리새인들이 하나님의 나라가 어느 때에 임하나이까 묻거늘 예수께서 대답하여 이르시되 하나님의 나라는 볼 수 있게 임하는 것이 아니요 또 여기 있다 저기 있다고도 못하리니 하나님의 나라는 너희 안에 있느니라
_ 눅 17:20-21

우리 주일학교 아이들의 가정이
하나님 나라를 꿈꾸는
믿음의 가정이 되게 하소서.
가정 안에서 천국을 맛보게 하소서.

02.21

너희는 그 은혜에 의하여 믿음으로 말미암아 구원을 받았으니 이것은 너희에게서 난 것이 아니요 하나님의 선물이라 _ 엡 2:8

사랑하는 우리 반 아이들이
독생자 예수님을 보내 주신
하나님의 은혜를 기억하게 하소서.
예수님이 가장 귀한 선물임을
깨닫게 하소서.

11.08

하나님이여 나를 지켜 주소서
내가 주께 피하나이다 _시 16:1

사랑하는 우리 반 아이들을
사고와 질병으로부터 지켜 주소서.
영과 육이 모두 건강하게 자라도록
보호해 주소서.

02.22

영접하는 자 곧 그 이름을 믿는 자들에게는 하나님의 자녀가 되는 권세를 주셨으니 _ 요 1:12

지식으로만 예수님을 아는 것이 아니라,
구원자이신 예수 그리스도를
진정으로 영접하는
아이들이 되게 하소서.

11.07

단단한 음식은 장성한 자의 것이니 그들은 지각을 사용함으로 연단을 받아 선악을 분별하는 자들이니라 _ 히 5:14

선과 악을 분별하는
교사가 되길 원합니다.
분별하는 지혜를 주셔서
선한 말과 행동으로
아이들을 섬기게 하소서.

02.23

이 날에 너희를 위하여 속죄하여 너희를 정결하게 하리니 너희의 모든 죄에서 너희가 여호와 앞에 정결하리라 _ 레 16:30

영혼이 깨끗한 교사가 되길 원합니다.
모든 허물을 용서해 주시고,
정결하게 하시는 하나님 앞에
겸손한 교사가 되게 하소서.

11.06

수고하고 무거운 짐 진 자들아 다 내게로 오라 내가 너희를 쉬게 하리라 _ 마 11:28

우리 반 아이들에게 참 평안을 주소서.
수고하고 무거운 짐을
예수님께 모두 맡기고
참자유를 누리게 하소서.

02.24

지나쳐 그리스도의 교훈 안에 거하지 아니하는 자는 다 하나님을 모시지 못하되 교훈 안에 거하는 그 사람은 아버지와 아들을 모시느니라 _ 요이 1: 9

사랑하는 우리 반 아이들이
마음을 활짝 열고
예수님을 모시게 하소서.
예수님을 만나는 것이 아이들의 삶에
기쁨과 감격이 되게 하소서.

11.05

우리는 구원받는 자들에게나 망하는 자들에게나 하나님 앞에서 그리스도의 향기니 _ 고후 2:15

우리 주일학교에
사랑한다는 말이 가득하게 하소서.
예수님의 향기가 넘치는
주일학교가 되게 하소서.

02.25

이르되 주 예수를 믿으라 그리하면 너와 네 집이 구원을 받으리라 _ 행 16:31

주일학교 아이들의 믿음이
부모에게 선한 영향력을 끼치게 하소서.
각 가정에 복음의 역사가 일어나
믿음의 간증이 들리게 하소서.

11.04

또한 지도자라 칭함을 받지 말라 너희의 지도자는 한 분이시니 곧 그리스도시니라 너희 중에 큰 자는 너희를 섬기는 자가 되어야 하리라 _ 마 23:10-11

우리의 참 스승이신 예수님을 닮아 아이들을 섬기는 교사가 되게 하소서. 우리의 지도자는 예수님 한 분이심을 가르치게 하소서.

02.26

다니엘이 말하여 이르되 영원부터 영원까지 하나님의 이름을 찬송할 것은 지혜와 능력이 그에게 있음이로다 _ 단 2:20

우리 반 아이들이
하나님의 말씀을 눈으로 보고,
귀로 듣고, 마음으로 깨닫길 원합니다.
하나님의 지혜를 넘치게 부어 주소서.

11.03

내가 달려갈 길과 주 예수께 받은 사명 곧 하나님의 은혜의 복음을 증언하는 일을 마치려 함에는 나의 생명조차 조금도 귀한 것으로 여기지 아니하노라
_ 행 20:24

복음을 증언하는
우리 반 아이들이 되길 원합니다.
우리가 달려가야 할 길을 알게 하시고
받은 사명을 귀히 여기게 하소서.

02.27

너희 모든 일을 사랑으로 행하라 _ 고전 16:14

한 가정의 귀한 생명을
교회로 보내 주셔서 감사합니다.
교사인 저를 통해 아이들에게
하나님의 사랑이 흘러가게 하소서.

11.02

그가 그의 힘을 떨치며 용기를 다하여 큰 군대를 거느리고 남방 왕을 칠 것이요 남방 왕도 심히 크고 강한 군대를 거느리고 맞아 싸울 것이나 능히 당하지 못하리니 이는 그들이 계략을 세워 그를 침이니라 _ 단 11:25

주일학교 아이들이
공부하며 한계를 만날 때
쉽게 포기하지 않게 하소서.
어려움을 돌파할 수 있는
용기와 지혜를 주소서.

02.28

너는 진리의 말씀을 옳게 분별하며 부끄러울 것이 없는 일꾼으로 인정된 자로 자신을 하나님 앞에 드리기를 힘쓰라
_ 딤후 2:15

우리 주일학교 아이들이
말씀을 기준으로
세상의 가치를 분별하게 하소서.
자기 생각을 기준으로 삼지 않게 하소서.

11.01

주께서 너희 마음을 인도하여 하나님의 사랑과 그리스도의 인내에 들어가게 하시기를 원하노라 _ 살후 3:5

아이들에게 본을 보이는
교사가 되게 하소서.
주장하기 전에 한 번 더 인내하고,
판단하기 전에 사랑의 마음에
비춰 보게 하소서.

02.29

하나님이여 주의 도는 극히 거룩하시오니 하나님과 같이 위대하신 신이 누구오니이까
_ 시 77:13

예수님을 믿는다는 사실이
얼마나 위대하고 큰 복인지
깨닫는 우리 반 아이들이 되게 하소서.

10.31

여호와여 아침에 주께서 나의 소리를 들으시리니 아침에 내가 주께 기도하고 바라리이다
_ 시 5:3

사랑하는 아이들이
날마다 새 힘을 공급받길 원합니다.
하루를 시작할 때 가장 먼저
하나님께 기도하는 아이들이 되게 하소서.

03.01

내가 그의 아들의 복음 안에서 내 심령으로 섬기는 하나님이 나의 증인이 되시거니와 항상 내 기도에 쉬지 않고 너희를 말하며 _ 롬 1:9

복음 안에서 아이들을 섬기길 원합니다.
기도를 쉬지 않으며,
말씀으로 아이들을 양육하는
교사가 되게 하소서.

10.30

무슨 일을 하든지 마음을 다하여 주께 하듯 하고 사람에게 하듯 하지 말라 _ 골 3:23

무슨 일을 하든지 주께 하듯 하고
모든 일을 하나님이 공급하시는 힘으로
감당하는 아이들이 되게 하소서.
믿음의 걸음을 걷도록 인도하소서.

03.02

우리는 하나님께 속하였으니 하나님을 아는 자는 우리의 말을 듣고 하나님께 속하지 아니한 자는 우리의 말을 듣지 아니하나니 진리의 영과 미혹의 영을 이로써 아느니라 _ 요일 4:6

예수님을 믿음으로
날마다 참 행복을 누리는
우리 반 아이들이 되길 원합니다.
예수님께 속한 아이들이 되게 하소서.

10.29

하나님의 말씀은 다 순전하며
하나님은 그를 의지하는 자의
방패시니라 _ 잠 30:5

사랑하는 우리 반 아이들이
예수님의 제자로 자라길 원합니다.
주일학교에서 잘 훈련받아
말씀으로 바로 서고 기도하며
하나님의 뜻을 구하게 하소서.

03.03

주의 종과 주의 백성 이스라엘이 이곳을 향하여 기도할 때에 주는 그 간구함을 들으시되 주께서 계신 곳 하늘에서 들으시고 들으시사 사하여 주옵소서
_ 왕상 8:30

온 성도가 주일학교 아이들을 위해 눈물로 기도하게 하소서.
아이들을 품에 안고 기도할 수 있는 넉넉한 마음을 주소서.

10.28

내가 너희 보기를 간절히 원하는 것은 어떤 신령한 은사를 너희에게 나누어 주어 너희를 견고하게 하려 함이니 _ 롬 1:11

우리 주일학교 아이들이
입시 경쟁을 위해 공부하지 않고
하나님이 주신 은사를 따라
진리를 탐구하며 기쁨을 누리게 하소서.

03.04

주의 성도들아 여호와를 찬송하며 그의 거룩함을 기억하며 감사하라 _ 시 30:4

작은 일에서도 감사를 발견하는
교사가 되길 원합니다.
감사를 발견하는 눈과 마음을 주셔서
더 큰 기쁨을 누리게 하소서.

10.27

우리를 너희와 함께 그리스도 안에서 굳건하게 하시고 우리에게 기름을 부으신 이는 하나님이시니 _ 고후 1:21

공과를 준비할 때마다
성령의 기름을 부어 주소서.
교사인 제가 먼저 하나님을 깊이 만나고
말씀으로 변화되게 하소서.

03.05

강하고 담대하라 너는 내가 그들의 조상에게 맹세하여 그들에게 주리라 한 땅을 이 백성에게 차지하게 하리라 _ 수 1:6

주일학교에 세우신 목회자에게
담대한 믿음을 주소서.
여호수아처럼 영적인 일에 앞서
담대히 전진하는 리더가 되게 하소서.

10.26

룻이 이르되 내게 어머니를 떠나며 어머니를 따르지 말고 돌아가라 강권하지 마옵소서 어머니께서 가시는 곳에 나도 가고 어머니께서 머무시는 곳에서 나도 머물겠나이다 어머니의 백성이 나의 백성이 되고 어머니의 하나님이 나의 하나님이 되시리니 _ 룻 1:16

우리 반 아이들이 룻을 닮게 하소서.
세상 사람들이 추구하는
가치를 따르지 않고,
담대한 용기와 결단력으로
하나님의 뜻을 택하게 하소서.

03.06

볼지어다 내가 문밖에 서서 두드리노니 누구든지 내 음성을 듣고 문을 열면 내가 그에게로 들어가 그와 더불어 먹고 그는 나와 더불어 먹으리라

_ 계 3:20

우리 반 아이들이
문밖에 서서 기다리시는
예수님을 영접하게 하소서.
주님과 더불어 먹으며 살아가는 기쁨을
평생 누리게 하소서.

10.25

지혜 있는 자에게 교훈을 더하라 그가 더욱 지혜로워질 것이요 의로운 사람을 가르치라 그의 학식이 더하리라 _ 잠 9:9

하나님 나라가 공교육 현장에서도
이루어지길 원합니다.
어린이집, 유치원, 초·중·고등학교에
하나님을 믿는 교사들이
많아지게 하소서.

03.07

하나님의 손이 또한 유다 사람들을 감동시키사 그들에게 왕과 방백들이 여호와의 말씀대로 전한 명령을 한 마음으로 준행하게 하셨더라_ 대하 30:12

아이들에게 하나님이 행하신
놀라운 일들을 증언할 때,
저의 입술을 주장하여 주셔서
하나님의 감동이 흘러가게 하소서.

10.24

예수는 지혜와 키가 자라가며 하나님과 사람에게 더욱 사랑스러워 가시더라 _ 눅 2:52

우리 주일학교 아이들이
예수님을 따라 자라게 하소서.
유치원과 초·중·고등학교의 생활을 통해
인생에 필요한 지식을 배우며,
이웃과 살아가는 법을 배우게 하소서.

03.08

의인은 종려나무같이 번성하며 레바논의 백향목같이 성장하리로다 _ 시 92:12

우리 반 아이들의 생각과 마음이
견고한 나무처럼 성장하게 하소서.
교회에서 예배하며 기뻐하게 하시고
가정에서 기도하며 사랑하게 하소서.

10.23

예수께서 또 말씀하여 이르시되 나는 세상의 빛이니 나를 따르는 자는 어둠에 다니지 아니하고 생명의 빛을 얻으리라
_ 요 8:12

말씀을 따르는 교사가 되게 하소서.
두렵고 혼란스러운 상황에서도
결국 말씀이 승리로 이끌 것을 믿고
굳건히 말씀을 따르게 하소서.

03.09

하나님은 우리의 피난처시요 힘이시니 환난 중에 만날 큰 도움이시라 _ 시 46:1

수고하고 무거운 짐이 느껴질 때
포기하지 않고 주저앉지 않는
아이들이 되게 하소서.
상황에 요동하지 않고
피난처이신 하나님을 찾게 하소서.

10.22

너는 마음을 다하고 뜻을 다하고 힘을 다하여 네 하나님 여호와를 사랑하라 _ 신 6:5

우리 반 아이들의 마음에
성령님이 찾아오셔서
하나님을 더 깊이 깨닫게 하시고
예수님을 더 깊이 사랑하게 하소서.

03.10

오직 여호와를 앙망하는 자는 새 힘을 얻으리니 독수리가 날개 치며 올라감 같을 것이요 달음박질하여도 곤비하지 아니하겠고 걸어가도 피곤하지 아니하리로다 _ 사 40:31

아이들이 외롭고 지칠 때
하나님이 손잡아 주시고 일으켜 주소서.
독수리가 날개 치며 올라감 같은
새 힘을 부어 주소서.

10.21

내 아들아 내 말에 주의하며 내가 말하는 것에 네 귀를 기울이라 그것을 네 눈에서 떠나게 하지 말며 네 마음속에 지키라
_ 잠 4:20-21

성경적 세계관으로 세상을 바라보는
주일학교 아이들이 되길 원합니다.
하나님의 창조 질서를 따르며
말씀을 통해 세상을 보게 하소서.

03.11

너희는 눈을 높이 들어 누가 이 모든 것을 창조하였나 보라 주께서는 수효대로 만상을 이끌어 내시고 그들의 모든 이름을 부르시나니 그의 권세가 크고 그의 능력이 강하므로 하나도 빠짐이 없느니라 _ 사 40:26

교사들과 아이들이 함께 성장하는
주일학교가 되게 하소서.
복음의 능력을 경험하며,
하나님 나라를 소망하는 삶을 살게 하소서.

10.20

우리가 다 그의 충만한 데서 받으니 은혜 위에 은혜러라
_ 요 1:16

사랑하는 우리 반 아이들이
말씀을 사랑하게 하시고,
찬양을 기뻐하게 하시고,
감사를 고백하게 하소서.
모든 것이 주님의 은혜임을 깨닫게 하소서.

03.12

너희가 온 마음으로 나를 구하면 나를 찾을 것이요 나를 만나리라 _ 렘 29:13

예수님을 더 간절히 바라고
예수님을 더 가까이 만나는
아이들이 되게 하소서.
예수님을 깊이 만나 믿음이 굳건한
아이들이 되게 하소서.

10.19

온순한 혀는 곧 생명 나무이지만 패역한 혀는 마음을 상하게 하느니라 _ 잠 15:4

우리 주일학교 안에
누군가를 따돌리거나
괴롭히는 일이 없게 하소서.
악한 언행으로
서로에게 상처 주지 않게 하소서.

03.13

아무 일에든지 다툼이나 허영으로 하지 말고 오직 겸손한 마음으로 각각 자기보다 남을 낫게 여기고 _ 빌 2:3

서로에게 공감하는
아이들의 가정이 되게 하소서.
서로의 단점을 지적하지 않고
서로의 감정을 가볍게 여기지 않으며
서로를 이해하게 하소서.

10.18

하나님이 우리를 구원하사 거룩하신 소명으로 부르심은 우리의 행위대로 하심이 아니요 오직 자기의 뜻과 영원 전부터 그리스도 예수 안에서 우리에게 주신 은혜대로 하심이라
_ 딤후 1:9

사랑하는 우리 반 아이들이
자신의 만족과 유익을 위한 달란트를
찾는 데 힘쓰지 않고
하나님이 주시는 꿈과 비전을
찾게 하소서.

03.14

겸손한 자와 함께하여 마음을 낮추는 것이 교만한 자와 함께하여 탈취물을 나누는 것보다 나으니라 _ 잠 16:19

마음이 온유하고 겸손한
예수님의 성품을 닮는
아이들이 되게 하소서.
교만함으로 죄를 짓지 않게 하소서.

10.17

여호와를 경외하는 것이 지식의 근본이거늘 미련한 자는 지혜와 훈계를 멸시하느니라 _ 잠 1:7

우리 주일학교 아이들의
생각과 지혜가 자라게 하소서.
무엇보다 하나님을 경외하는 것이
지식의 근본임을 깨닫게 하소서.

03.15

그가 내게 이르되 다니엘아 두려워하지 말라 네가 깨달으려 하여 네 하나님 앞에 스스로 겸비하게 하기로 결심하던 첫날부터 네 말이 응답받았으므로 내가 네 말로 말미암아 왔느니라
_ 단 10:12

하나님 앞에 스스로 겸비하는
교사가 되게 하소서.
택할 것과 버릴 것을
담대하게 결단하는 믿음을 주소서.

10.16

너희 마음에 그리스도를 주로 삼아 거룩하게 하고 너희 속에 있는 소망에 관한 이유를 묻는 자에게는 대답할 것을 항상 준비하되 온유와 두려움으로 하고
_ 벧전 3:15

우리 반 아이들에게
영혼 구원의 열정을 더해 주소서.
학교와 학원에서 만나는 친구들에게
복음을 전할 수 있도록 용기를 주소서.

03.16

우리 주 예수 그리스도의 하나님, 영광의 아버지께서 지혜와 계시의 영을 너희에게 주사 하나님을 알게 하시고 너희 마음의 눈을 밝히사 그의 부르심의 소망이 무엇이며 _ 엡 1:17-18

사랑하는 우리 반 아이들에게
지혜와 계시의 영을 부어 주소서.
영의 눈을 열어 주셔서
주님의 일하심을 보게 하소서.

10.15

마음을 같이하여 같은 사랑을 가지고 뜻을 합하며 한마음을 품어 _ 빌 2:2

아이들의 다양한 모습을 수용할 수 있는 교사가 되게 하소서.
억울하고 슬퍼하는 아이들의 마음에 공감할 수 있도록 넓은 마음을 주소서.

03.17

내가 아버지께 구하겠으니 그가 또 다른 보혜사를 너희에게 주사 영원토록 너희와 함께 있게 하리니 _ 요 14:16

성령님, 우리 반 아이들과
항상 동행해 주소서.
아이들이 선한 길을 가도록
인도해 주소서.

10.14

하나님이 자기 형상 곧 하나님의 형상대로 사람을 창조하시되 남자와 여자를 창조하시고
_ 창 1:27

아이들이 친구들과 어울리며
한 생명의 소중함을 깨닫길 원합니다.
서로의 모습 속에서
하나님의 형상을 발견하게 하소서.

03.18

사랑하는 자들아 영을 다 믿지 말고 오직 영들이 하나님께 속하였나 분별하라 많은 거짓 선지자가 세상에 나왔음이라
_ 요일 4:1

사랑하는 우리 주일학교 아이들을
어긋난 사상과 이설을 주장하는
이단들로부터 지켜 주소서.
아이들이 오직 말씀만 따르게 하소서.

10.13

여호와의 인자하심은 자기를 경외하는 자에게 영원부터 영원까지 이르며 그의 공의는 자손의 자손에게 이르리니 _ 시 103:17

우리 반 아이들의 가정이
오늘 하루 하나님께 받은 은혜를
나눌 수 있는 가정이 되길 원합니다.
예수님이 중심인 가정에 되게 하소서.

03.19

사랑하는 자여 네 영혼이 잘됨 같이 네가 범사에 잘되고 강건하기를 내가 간구하노라
_ 요삼 1:2

영혼이 잘될 뿐만 아니라
건강하고 지혜로운
우리 반 아이들이 되게 하소서.
범사가 잘되는 복을 누리게 하소서.

10.12

다윗이 사울에게 말하기를 마치매 요나단의 마음이 다윗의 마음과 하나가 되어 요나단이 그를 자기 생명같이 사랑하니라
_ 삼상 18:1

우리 주일학교 아이들이
다윗과 요나단처럼 서로를 세워 주며
함께 신앙을 길러 가게 하소서.

03.20

여호와께서 여호수아에게 이르시되 두려워하지 말라 놀라지 말라 군사를 다 거느리고 일어나 아이로 올라가라 보라 내가 아이 왕과 그의 백성과 그의 성읍과 그의 땅을 다 네 손에 넘겨 주었으니 _ 수 8:1

사랑하는 우리 반 아이들이
모세와 여호수아를 본받게 하소서.
새로운 것을 두려워하지 않고
한 걸음 더 전진할 수 있도록
용기를 주소서.

10.11

하나님의 영을 그에게 충만하게 하여 지혜와 총명과 지식으로 여러 가지 일을 하게 하시되
_ 출 35:31

하나님이 말씀하시도록
나를 내려놓는 교사가 되게 하소서.
인생의 부족한 경험과 판단이 아니라
참 지혜와 진리를 전하게 하소서.

03.21

그날에 여호와께서 말씀하신 이 산지를 지금 내게 주소서 당신도 그날에 들으셨거니와 그곳에는 아낙 사람이 있고 그 성읍들은 크고 견고할지라도 여호와께서 나와 함께하시면 내가 여호와께서 말씀하신 대로 그들을 쫓아내리이다 하니 _ 수 14:12

하나님의 눈으로 세상을 바라보는
아이들이 되길 원합니다.
사람의 눈으로 불가능을 판단하지 않고
"이 산지를 내게 주소서"라고
고백하는 아이들이 되게 하소서.

10.10

너희는 세상의 소금이니 소금이 만일 그 맛을 잃으면 무엇으로 짜게 하리요 후에는 아무 쓸 데 없어 다만 밖에 버려져 사람에게 밟힐 뿐이니라 너희는 세상의 빛이라 산 위에 있는 동네가 숨겨지지 못할 것이요
_ 마 5:13-14

우리 주일학교 아이들이
마땅히 배워야 할 선한 지식을 습득하여
세상에서 소금과 빛의 역할을
잘 감당하게 하소서.

03.22

우리가 너의 승리로 말미암아 개가를 부르며 우리 하나님의 이름으로 우리의 깃발을 세우리니 여호와께서 네 모든 기도를 이루어 주시기를 원하노라
_ 시 20:5

하늘의 승리를 경험하는
아이들이 되게 하소서.
하나님의 말씀을 길로 삼고
어떤 상황에서도
결국 믿음을 택하게 하소서.

10.09

여호와께서 너를 지켜 모든 환난을 면하게 하시며 또 네 영혼을 지키시리로다 _ 시 121:7

아이들의 가정에 은혜를 부어 주소서.
성령의 날개 아래 보호받는
가정이 되게 하시고,
가정을 이끄시는
성령의 능력을 보게 하소서.

03.23

하나님께 가까이함이 내게 복이라 내가 주 여호와를 나의 피난처로 삼아 주의 모든 행적을 전파하리이다 _ 시 73:28

하나님을 가까이하는 복을
풍성히 누리는 교사가 되길 원합니다.
언제 어디서든 동행하시는
하나님을 기억하며 살게 하소서.

10.08

너희는 강하고 담대하라 두려워하지 말라 그들 앞에서 떨지 말라 이는 네 하나님 여호와 그가 너와 함께 가시며 결코 너를 떠나지 아니하시며 버리지 아니하실 것임이라 하고 _ 신 31:6

사랑하는 우리 반 아이들과
항상 동행하여 주시길 원합니다.
때로는 세심하게, 때로는 강하게
우리 아이들을 인도해 주소서.

03.24

여호와께서 그의 앞으로 지나시며 선포하시되 여호와라 여호와라 자비롭고 은혜롭고 노하기를 더디하고 인자와 진실이 많은 하나님이라 _ 출 34:6

사랑하는 우리 반 아이들에게
한없는 은총으로
구원과 사랑을 베풀어 주셔서
말로 다 표현할 수 없는
하나님의 은혜를 깨닫게 하소서.

10.07

우리가 알거니와 하나님을 사랑하는 자 곧 그의 뜻대로 부르심을 입은 자들에게는 모든 것이 합력하여 선을 이루느니라
_ 롬 8:28

저를 교사로 부르신

하나님의 마음을 깨닫게 하소서.

이스라엘 백성을 인도할

한 사람을 찾으셨던

하나님의 마음을 알게 하소서.

03.25

주께서 생명의 길을 내게 보이셨으니 주 앞에서 내게 기쁨이 충만하게 하시리로다 하였으므로 _ 행 2:28

사랑하는 우리 아이들의 가정에
영원한 생명이 있길 원합니다.
하늘의 기쁨과 평안함이 가득한 가정,
말씀과 찬양의 소리가 끊이지 않는
가정이 되게 하소서.

10.06

주께서 높은 곳으로 오르시며 사로잡은 자들을 취하시고 선물들을 사람들에게서 받으시며 반역자들로부터도 받으시니 여호와 하나님이 그들과 함께 계시기 때문이로다 _ 시 68:18

하나님이 항상 함께하고 계심을
깨닫는 우리 반 아이들이 되게 하소서.
홀로 있을 때도 외롭다고 생각하지 않고
함께하시는 하나님을 보게 하소서.

03.26

사람이 마음으로 자기의 길을 계획할지라도 그의 걸음을 인도하시는 이는 여호와시니라
_ 잠 16:9

우리 반 아이들이 자신의 진로를
하나님께 맡기게 하소서.
하나님이 가장 좋은 길로
인도하실 것을 믿으며
하나님이 주신 꿈을 발견하게 하소서.

10.05

여호와를 경외하는 자들아 너희는 여호와를 의지하여라 그는 너희의 도움이시요 너희의 방패시로다 _ 시 115:11

자신의 힘을 의지하지 않고
하나님을 의지하는
아이들이 되게 하소서.
아이들에게 신실한 믿음을 주소서.

03.27

어머니가 자식을 위로함같이 내가 너희를 위로할 것인즉 너희가 예루살렘에서 위로를 받으리니 _ 사 66:13

사랑하는 아이들이 저의 품에 안길 때
교사로서 섬김의 수고와 애씀이
모두 녹게 하소서.
아이들을 통해 마음이 회복되게 하소서.

10.04

> 너희는 기쁨으로 나아가며 평안히 인도함을 받을 것이요 산들과 언덕들이 너희 앞에서 노래를 발하고 들의 모든 나무가 손뼉을 칠 것이며 _ 사 55:12

아이들을 안전하고 평안하게
양육하는 주일학교가 되게 하소서.
위험한 상황을 예방할 수 있도록
교사들에게 통찰력을 주소서.

03.28

다윗이 블레셋 사람에게 이르되 너는 칼과 창과 단창으로 내게 나아 오거니와 나는 만군의 여호와의 이름 곧 네가 모욕하는 이스라엘 군대의 하나님의 이름으로 네게 나아가노라
_ 삼상 17:45

사랑하는 우리 반 아이들이
만군의 여호와의 이름으로
자신을 무장하게 하소서.
칼과 창과 단창으로 무장한
세상 사람들을 두려워하지 않게 하소서.

10.03

주의 말씀은 내 발에 등이요 내 길에 빛이니이다 _ 시 119:105

사랑하는 우리 반 아이들이
예수님을 인격적으로 만나고,
예수님의 말씀을 따라 사는
삶을 살게 하소서.

사람이 마음으로 믿어 의에 이르고 입으로 시인하여 구원에 이르느니라 _ 롬 10:10

우리를 살리기 위해 십자가의 길을 택하신 예수님을 입으로 시인하고 구원받는 아이들이 되게 하소서. 우리를 구원하기 위해 이 땅에 오신 예수님의 낮아지심을 닮게 하소서.

10.02

믿음의 선한 싸움을 싸우라 영생을 취하라 이를 위하여 네가 부르심을 받았고 많은 증인 앞에서 선한 증언을 하였도다
_ 딤전 6:12

의와 경건과 인내와 사랑 안에서
믿음의 선한 싸움을 싸우는
우리 반 아이들에게 힘을 주소서.
선한 싸움에서 승리하여
영생을 얻게 하소서.

03.30

이에 그들의 마음을 열어 성경을 깨닫게 하시고 _ 눅 24:45

우리 반 아이들의 영의 눈을 열어 주소서.
보이는 것에 집착하며
육신의 만족을 따르지 않고
하나님의 뜻을 따르게 하소서.

10.01

사랑하지 아니하는 자는 하나님을 알지 못하나니 이는 하나님은 사랑이심이라 _ 요일 4:8

목자의 심정을 알아가는
교사가 되게 하소서.
주일학교 아이들을 향한
하나님 아버지의 사랑을 깨닫게 하소서.

03.31

능히 모든 성도와 함께 지식에 넘치는 그리스도의 사랑을 알고 그 너비와 길이와 높이와 깊이가 어떠함을 깨달아 하나님의 모든 충만하신 것으로 너희에게 충만하게 하시기를 구하노라
_ 엡 3:18-19

사랑하는 아이들이 자신의 모든 죄를
용서하시는 하나님의
깊고 넓은 사랑을 깨닫게 하소서.
주님의 은혜를 찬양하는
아이들이 되게 하소서.

09.30

하나님은 우리에게 은혜를 베푸사 복을 주시고 그의 얼굴빛을 우리에게 비추사 _ 시 67:1

사랑하는 우리 반 아이들에게
세상이 줄 수 없는 복과 은혜를
풍성히 부어 주시길 원합니다.
하나님이 늘 좋은 것으로 채워 주소서.

04.01

내 평생에 선하심과 인자하심이 반드시 나를 따르리니 내가 여호와의 집에 영원히 살리로다
_ 시 23:6

예수님의 선하심과 인자하심을 바라보며
맡겨진 아이들을
끝까지 사랑하고 섬기는
교사가 되게 하소서.

09.29

원수를 갚지 말며 동포를 원망하지 말며 네 이웃 사랑하기를 네 자신과 같이 사랑하라 나는 여호와이니라 _ 레 19:18

우리 주일학교 아이들이
배움과 성장의 즐거움뿐만 아니라
봉사와 나눔의 기쁨도 깨닫게 하소서.
이웃을 자신의 몸처럼 사랑하게 하소서.

04.02

하늘의 하나님께 감사하라 그
인자하심이 영원함이로다
_ 시 136:26

모든 순간에서 감사를 발견하는
우리 반 아이들이 되길 원합니다.
불평과 불안이 가득한 세상 속에서
감사의 감각이
풍부한 아이들이 되게 하소서.

09.28

즐거워하는 자들과 함께 즐거워하고 우는 자들과 함께 울라
_ 롬 12:15

사랑하는 우리 반 아이들이
친구의 실수를 기꺼이 덮어 주고
친구의 성공을 흔쾌히 기뻐해 주는
참 우정을 나누게 하소서.

04.03

내 계명은 곧 내가 너희를 사랑한 것같이 너희도 서로 사랑하라 하는 이것이니라 _ 요 15:12

장년 세대와 다음 세대가
서로를 이해하고 사랑할 수 있도록
사랑을 부어 주소서.
서로의 이야기를 경청하게 하시고,
세대 간의 담이 무너지게 하소서.

09.27

말씀이 육신이 되어 우리 가운데 거하시매 우리가 그의 영광을 보니 아버지의 독생자의 영광이요 은혜와 진리가 충만하더라 _ 요 1:14

아이들에게 말씀을 가르치는
사명을 주셔서 감사합니다.
말씀이 육신이 되어
우리 가운데 오신 예수님을 기억하며
사명을 소중히 감당하게 하소서.

04.04

이제 인내와 위로의 하나님이
너희로 그리스도 예수를 본받아
서로 뜻이 같게 하여 주사
_ 롬 15:5

아이들의 믿음과 신앙이
성장하는 모습을 보며
큰 기쁨과 감동을 얻는
교사가 되게 하소서.

09.26

의인은 고난이 많으나 여호와께서 그의 모든 고난에서 건지시는도다 _ 시 34:19

사랑하는 우리 반 아이들에게
고난과 역경을 이겨내는
힘이 있길 원합니다.
좌절하지 않고 하나님 앞에
한 걸음 더 나아가는 담대함을 주소서.

04.05

우리에게는 한 하나님 곧 아버지가 계시니 만물이 그에게서 났고 우리도 그를 위하여 있고 또한 한 주 예수 그리스도께서 계시니 만물이 그로 말미암고 우리도 그로 말미암아 있느니라
_ 고전 8:6

우리 반 아이들이 문화를 통해
하나님을 더욱 선명하게 보게 하소서.
삶의 곳곳에서
함께하시는 하나님을 발견하게 하소서.

09.25

두려워하지 말라 내가 너와 함께함이라 놀라지 말라 나는 네 하나님이 됨이라 내가 너를 굳세게 하리라 참으로 너를 도와주리라 참으로 나의 의로운 오른손으로 너를 붙들리라
_ 사 41:10

우리 주일학교 아이들의
학교생활을 지켜 주소서.
등교 시간, 수업 시간, 점심시간,
하교 시간 모두 안전하게 하소서.

04.06

오직 하나님은 긍휼하시므로 죄악을 덮어 주시어 멸망시키지 아니하시고 그의 진노를 여러 번 돌이키시며 그의 모든 분을 다 쏟아 내지 아니하셨으니
_ 시 78:38

사랑하는 아이들이 자기의 연약함과
부족함을 덮어 주시는 하나님을
깨닫게 하소서.
바다같이 깊고 넓은 주님의 사랑을
느끼게 하소서.

09.24

각각 은사를 받은 대로 하나님의 여러 가지 은혜를 맡은 선한 청지기같이 서로 봉사하라
_ 벧전 4:10

우리 주일학교 아이들이
실력과 신앙을 겸비하길 원합니다.
하나님이 주신 달란트를
잘 가꾸며 자라게 하소서.

04.07

각각 은사를 받은 대로 하나님의 여러 가지 은혜를 맡은 선한 청지기같이 서로 봉사하라 만일 누가 말하려면 하나님의 말씀을 하는 것같이 하고 누가 봉사하려면 하나님이 공급하시는 힘으로 하는 것같이 하라
_ 벧전 4:10-11

우리 반 아이들에게 하나님의 말씀을
삶으로 보여 주길 원합니다.
말과 행동에서 주님이
선명하게 드러나게 하시고
예수님의 향기가 흘러가게 하소서.

09.23

의를 위하여 박해를 받은 자는 복이 있나니 천국이 그들의 것임이라 _ 마 5:10

하나님의 의를 묵묵히 따르는
교사가 되게 하소서.
무질서한 세상 속에서도
진리의 길을 걸어가게 하소서.

04.08

우리가 하나님을 사랑하고 그의 계명들을 지킬 때에 이로써 우리가 하나님의 자녀를 사랑하는 줄을 아느니라 _ 요일 5:2

주일학교 아이들이 가정에서
부모의 사랑을 듬뿍 받게 하소서.
부모의 사랑을 통해
하나님의 사랑을 깨닫는
믿음의 가정으로 세워 주소서.

09.22

믿음이 없이는 하나님을 기쁘시게 하지 못하나니 하나님께 나아가는 자는 반드시 그가 계신 것과 또한 그가 자기를 찾는 자들에게 상 주시는 이심을 믿어야 할지니라 _ 히 11:6

사랑하는 우리 반 아이들에게
흔들리지 않는 견고한 믿음을 주소서.
혼란스러운 상황에서 요동하지 않고
오히려 주님과 더 가까워지며
믿음이 굳건해지게 하소서.

04.09

하나님이 그들에게 복을 주시며 하나님이 그들에게 이르시되 생육하고 번성하여 땅에 충만하라, 땅을 정복하라, 바다의 물고기와 하늘의 새와 땅에 움직이는 모든 생물을 다스리라 하시니라 _ 창 1:28

우리 아이들이 마주하는 세상은
비난, 불평, 시기와 탐욕이 가득합니다.
세상을 다스리라는 하나님의 명령을
포기하지 않도록 굳건한 믿음을 주소서.

09.21

이것이 노아의 족보니라 노아는 의인이요 당대에 완전한 자라 그는 하나님과 동행하였으며
_ 창 6:9

우리와 항상 동행하시고
우리를 세밀하게 도우시는
하나님의 강한 손을 꼭 붙잡고 나아가는
아이들이 되게 하소서.

04.10

선한 사람은 그 쌓은 선에서 선한 것을 내고 악한 사람은 그 쌓은 악에서 악한 것을 내느니라
_ 마 12:35

사랑하는 우리 반 아이들이
선한 삶을 살길 원합니다.
아이들의 입술에 선한 말을 담아 주시고
마음 밭에 생명의 능력이 넘치게 하소서.

09.20

삼가 말씀에 주의하는 자는 좋은 것을 얻나니 여호와를 의지하는 자는 복이 있느니라
_ 잠 16:20

학업에 임하고 진로를 결정하는
모든 순간에 하나님이 함께하심을
기억하는 아이들이 되게 하소서.
하나님을 의지하며 결정하게 하소서.

04.11

주는 하늘에서 그들의 기도와 간구를 들으시고 그들의 일을 돌보시옵소서 _ 대하 6:35

아이들의 가정을 위해
함께 기도하는 교사가 되게 하소서.
복음이 필요한 가정마다
성령의 역사가 나타나기를
간절히 기도하게 하소서.

09.19

아무것도 염려하지 말고 다만 모든 일에 기도와 간구로, 너희 구할 것을 감사함으로 하나님께 아뢰라 _ 빌 4:6

사랑하는 우리 반 아이들을
기도의 자리로 불러 주소서.
바쁘게 하루를 보내는 중에도
기도의 쉼표를 갖게 하소서.

04.12

영원부터 만물을 창조하신 하나님 속에 감추어졌던 비밀의 경륜이 어떠한 것을 드러내게 하려 하심이라 _ 엡 3:9

우리 반 아이들이
하나님의 섭리를 신뢰하고
하나님이 주신 꿈을
성실히 이루어 나가게 하소서.

09.18

대저 여호와는 지혜를 주시며 지식과 명철을 그 입에서 내심이며 _ 잠 2:6

우리 주일학교 아이들이 학교에서 독서와 토론, 논술 등 주도적으로 참여하는 수업을 받길 원합니다. 아이들이 행복하게 참여하는 수업이 되게 하소서.

04.13

여호와의 이름으로 오는 자가 복이 있음이여 우리가 여호와의 집에서 너희를 축복하였도다
_ 시 118:26

우리 반 아이들의 가정에
축복의 언어가 풍성하게 하소서.
사람을 살리는 말,
생명이 흘러가는 말로
서로에게 큰 힘이 되게 하소서.

09.17

보라 내가 너희를 보냄이 양을 이리 가운데로 보냄과 같도다 그러므로 너희는 뱀같이 지혜롭고 비둘기같이 순결하라
_ 마 10:16

뱀처럼 지혜롭고 비둘기처럼 순결한
아이들이 되게 하소서.
성령님이 공급해 주시는
힘과 능력을 덧입게 하소서.

04.14

우리가 주를 의지하여 우리 대적을 누르고 우리를 치러 일어나는 자를 주의 이름으로 밟으리이다 _ 시 44:5

사랑하는 우리 반 아이들이
예수님처럼 악한 영을 대적하고
하나님만을 섬기겠다고 선포하게 하소서.
오직 하나님 한 분만을 사랑하게 하소서.

09.16

하나님이 말씀하시기를 말세에 내가 내 영을 모든 육체에 부어 주리니 너희의 자녀들은 예언할 것이요 너희의 젊은이들은 환상을 보고 너희의 늙은이들은 꿈을 꾸리라 _ 행 2:17

사랑하는 우리 아이들에게
소망을 부어 주소서.
어지럽고 혼란스러운 세상에서
주님이 주시는 소망을
놓치지 않게 하소서.

04.15

근심하는 자 같으나 항상 기뻐하고 가난한 자 같으나 많은 사람을 부요하게 하고 아무것도 없는 자 같으나 모든 것을 가진 자로다 _ 고후 6:10

가난한 마음으로
주일학교를 섬기는 교사가 되게 하소서.
담대히 진리를 전하도록
풍성한 은총을 주소서.

09.15

그들에게 율례와 법도를 가르쳐서 마땅히 갈 길과 할 일을 그들에게 보이고 _ 출 18:20

사람의 생각을 주장하지 않고
하나님의 뜻을 기다림으로
온유한 자가 누리는 복이 무엇인지
보여 주는 교사가 되게 하소서.

04.16

스데반이 지혜와 성령으로 말함을 그들이 능히 당하지 못하여
_ 행 6:10

우리 반 아이들에게 지혜를 부어주소서.
따뜻한 사랑의 마음도 함께 주셔서
냉철한 머리와 따뜻한 가슴을 품은
하나님의 자녀가 되게 하소서.

09.14

가난한 자를 불쌍히 여기는 것은 여호와께 꾸어 드리는 것이니 그의 선행을 그에게 갚아 주시리라 _ 잠 19:17

말씀을 따라 살아가는
우리 반 아이들이 되게 하소서.
복음이 필요한 사람들에게 달려가며
연약한 사람들의 손을 잡아 주는
용기 있는 아이들이 되게 하소서.

04.17

이러므로 우리도 항상 너희를 위하여 기도함은 우리 하나님이 너희를 그 부르심에 합당한 자로 여기시고 모든 선을 기뻐함과 믿음의 역사를 능력으로 이루게 하시고 _ 살후 1:11

사랑하는 아이들의 마음에 은혜를 주소서.
하나님을 인격적으로 만나고,
예수님을 구주로 고백하며,
성령님과 날마다 동행하게 하소서.

09.13

하나님의 말씀을 너희에게 일러주고 너희를 인도하던 자들을 생각하며 그들의 행실의 결말을 주의하여 보고 그들의 믿음을 본받으라 _ 히 13:7

우리 아이들이 가정 안에서
참된 신앙의 본을 볼 수 있게 하소서.
말씀을 따라 사는 것이 얼마나 위대하고
가치 있는지 깨닫게 하소서.

04.18

미쁜 말씀의 가르침을 그대로 지켜야 하리니 이는 능히 바른 교훈으로 권면하고 거슬러 말하는 자들을 책망하게 하려 함이라 _ 딛 1:9

사랑하는 우리 반 아이들이
사람의 심리를 교묘하게 이용하는
이단의 포교 활동에 넘어가지 않게 하소서.
성경의 바른 교훈만을 받는
아이들이 되게 하소서.

09.12

허물을 덮어 주는 자는 사랑을 구하는 자요 그것을 거듭 말하는 자는 친한 벗을 이간하는 자니라 _ 잠 17:9

우리 주일학교 아이들이
서로의 장점을 발견하며
믿음 안에서 우정을 나누게 하소서.
친구의 부족함을 덮어 주게 하소서.

04.19

예수께서 눈물을 흘리시더라 이에 유대인들이 말하되 보라 그를 얼마나 사랑하셨는가 하며
_ 요 11:35-36

주일학교 아이들을 향한
하나님의 눈물이
교사인 저의 눈물이 되게 하시고
온 성도의 눈물이 되게 하셔서
아이들을 위해 함께 기도하게 하소서.

09.11

보혜사 곧 아버지께서 내 이름으로 보내실 성령 그가 너희에게 모든 것을 가르치고 내가 너희에게 말한 모든 것을 생각나게 하리라 _ 요 14:26

나의 노력과 의지가 아닌
하나님이 공급하시는 힘과 능력으로
교사의 직분을 감당하게 하소서.

04.20

그때에 너희가 돌아와서 의인과 악인을 분별하고 하나님을 섬기는 자와 섬기지 아니하는 자를 분별하리라 _ 말 3:18

아무리 그럴듯해 보이고
포장이 잘되어 있는 것을 볼지라도
그 너머에 있는 하나님의 뜻을
깨닫는 아이들이 되게 하소서.

09.10

형제여 성도들의 마음이 너로 말미암아 평안함을 얻었으니 내가 너의 사랑으로 많은 기쁨과 위로를 받았노라 _ 몬 1:7

아이들에게 다른 사람과
화목할 수 있는 넓은 마음을 주셔서
말과 행동에 배려와 사랑이 넘치게 하소서.
가는 곳마다 생명의 언어로
기쁨을 증거하는 자녀가 되게 하소서.

04.21

하나님이 땅의 짐승을 그 종류대로, 가축을 그 종류대로, 땅에 기는 모든 것을 그 종류대로 만드시니 하나님이 보시기에 좋았더라 _ 창 1:25

모든 동식물을 창조하신
하나님의 전능하심을 기억하는
아이들이 되게 하소서.
이 땅의 모든 것이 하나님의 소중한
피조물임을 고백하게 하소서.

09.09

또 그것을 너희의 자녀에게 가르치며 집에 앉아 있을 때에든지, 길을 갈 때에든지, 누워 있을 때에든지, 일어날 때에든지 이 말씀을 강론하고 또 네 집 문설주와 바깥 문에 기록하라
_ 신 11:19-20

우리 반 아이들의 가정에
가정예배를 세워 주소서.
아이들이 일상에서도 하나님을 만나는
예배자가 되게 하소서.

04.22

너희 속에 있는 소망에 관한 이유를 묻는 자에게는 대답할 것을 항상 준비하되 온유와 두려움으로 하고 선한 양심을 가지라 이는 그리스도 안에 있는 너희의 선행을 욕하는 자들로 그 비방하는 일에 부끄러움을 당하게 하려 함이라 _ 벧전 3:15-16

사랑하는 우리 반 아이들이
소망에 관한 이유를 물어보는 자들에게
온유하고 담대하게 대답하게 하소서.
자신이 그리스도인임을
부끄러워하지 않고 살아가게 하소서.

09.08

여호와께서 사무엘에게 이르시되 그의 용모와 키를 보지 말라 내가 이미 그를 버렸노라 내가 보는 것은 사람과 같지 아니하니 사람은 외모를 보거니와 나 여호와는 중심을 보느니라 하시더라 _ 삼상 16:7

아이들이 세상의 유혹과 시험으로
환난을 만날 때,
흔들리거나 넘어지지 않고
예수님을 바라보며 중심을 잡게 하소서.

04.23

또 형제들아 너희를 권면하노니 게으른 자들을 권계하며 마음이 약한 자들을 격려하고 힘이 없는 자들을 붙들어 주며 모든 사람에게 오래 참으라 _ 살전 5:14

아이들을 세워 주는 교사가 되게 하소서.
비난과 부정적인 언어들을 바꾸어 주셔서
생명의 말로 아이들을 양육하게 하소서.

09.07

내가 내게 있는 모든 것으로 구제하고 또 내 몸을 불사르게 내줄지라도 사랑이 없으면 내게 아무 유익이 없느니라
_ 고전 13:3

오래 참으며, 온유하며,
자기의 유익을 구하지 않고, 성내지 않으며,
모든 것을 참으며, 모든 것을 믿으며,
모든 것을 바라며, 모든 것을 견디는
사랑의 은사를 가진 교사가 되게 하소서.

04.24

주께서 심지가 견고한 자를 평강하고 평강하도록 지키시리니 이는 그가 주를 신뢰함이니이다
_ 사 26:3

사랑하는 우리 반 아이들이
주님이 주신 평화를 마음껏 누리게 하소서.
정서적으로 안정감을 가지고
어떤 상황과 말에도 쉽게 흔들리지 않도록
심지를 견고하게 하소서.

09.06

너희는 이 세대를 본받지 말고 오직 마음을 새롭게 함으로 변화를 받아 하나님의 선하시고 기뻐하시고 온전하신 뜻이 무엇인지 분별하도록 하라 _ 롬 12:2

어지러운 세상 속에서
주일학교 아이들의 신앙을 붙들어 주소서.
믿음이 요동하지 않도록 지켜 주시고
하나님의 뜻을 올바로 분별하게 하소서.

04.25

이는 하나님의 영광의 광채시요 그 본체의 형상이시라 그의 능력의 말씀으로 만물을 붙드시며 죄를 정결하게 하는 일을 하시고 높은 곳에 계신 지극히 크신 이의 우편에 앉으셨느니라
_ 히 1:3

우리 반 아이들의 가정에
믿음의 눈을 열어 주셔서
가정의 문제보다 더 크고 강하신
하나님을 바라보며
영적 전쟁에서 승리하게 하소서.

09.05

그리하여 온 유대와 갈릴리와 사마리아 교회가 평안하여 든든히 서 가고 주를 경외함과 성령의 위로로 진행하여 수가 더 많아지니라 _ 행 9:31

아이들이 교회에 오면
평안함을 느끼길 원합니다.
따뜻한 공기와 분위기 속에서
하나님 아버지가 안아 주시는
포근함을 느끼게 하소서.

04.26

또 지진 후에 불이 있으나 불 가운데에도 여호와께서 계시지 아니하더니 불 후에 세미한 소리가 있는지라 _ 왕상 19:12

잠잠하고 고요한 가운데 임하시는
하나님의 세미한 음성을
들었던 엘리야처럼
우리 아이들이 영적으로 깨어 있어서
하나님의 세미한 음성을 듣게 하소서.

09.04

내 구원의 능력이신 주 여호와여 전쟁의 날에 주께서 내 머리를 가려 주셨나이다 _ 시 140:7

교사들과 부모들이 아이들을 위한
기도의 용사로 일어나게 하소서.
악한 영의 방해를 대적하며
하나님의 승리를 선포하게 하소서.

04.27

너희는 내게 배우고 받고 듣고 본 바를 행하라 그리하면 평강의 하나님이 너희와 함께 계시리라 _ 빌 4:9

사랑하는 아이들이
교사의 모습을 닮게 하소서.
기도의 손을 모으고
찬송의 입술을 열며
말씀을 보는 눈을 닮게 하소서.

09.03

주께 합당하게 행하여 범사에 기쁘시게 하고 모든 선한 일에 열매를 맺게 하시며 하나님을 아는 것에 자라게 하시고
_ 골 1:10

모든 선한 일에 열매를 맺는
아이들이 되길 원합니다.
사랑하는 아이들의 영혼에
물을 주시고 빛을 주소서.

04.28

푯대를 향하여 그리스도 예수 안에서 하나님이 위에서 부르신 부름의 상을 위하여 달려가노라
_ 빌 3:14

자신의 신앙을 든든한 반석 위에 세우는
아이들이 되길 원합니다.
푯대를 향하여 달려갈 때
신앙이 흔들리지 않도록 붙들어 주소서.

09.02

우리는 그가 만드신 바라 그리스도 예수 안에서 선한 일을 위하여 지으심을 받은 자니 이 일은 하나님이 전에 예비하사 우리로 그 가운데서 행하게 하려 하심이니라 _ 엡 2:10

아이들의 몸이 균형을 이루어
조화롭게 성장하게 하소서.
강건한 믿음의 자녀로
아픈 곳이 없게 하시고
사랑받는 자녀로 성장하게 하소서.

04.29

그가 내게 대답하여 이르되 여호와께서 스룹바벨에게 하신 말씀이 이러하니라 만군의 여호와께서 말씀하시되 이는 힘으로 되지 아니하며 능력으로 되지 아니하고 오직 나의 영으로 되느니라 _ 슥 4:6

우리 주일학교 예배에
성령의 기름을 부어 주소서.
예배를 통해 하나님의 임재와 능력을
경험하는 주일학교가 되게 하소서.

09.01

그러므로 너희는 가서 모든 민족을 제자로 삼아 아버지와 아들과 성령의 이름으로 세례를 베풀고 내가 너희에게 분부한 모든 것을 가르쳐 지키게 하라 볼지어다 내가 세상 끝 날까지 너희와 항상 함께 있으리라 하시니라 _ 마 28:19-20

모든 민족을 제자로 삼으라고 말씀하신
예수님의 명령을 기억하며
나의 지식과 경험을 내려놓고
아이들을 예수님의 제자로
인도하게 하소서.

04.30

좋은 소식을 전하며 평화를 공포하며 복된 좋은 소식을 가져오며 구원을 공포하며 시온을 향하여 이르기를 네 하나님이 통치하신다 하는 자의 산을 넘는 발이 어찌 그리 아름다운가
_ 사 52:7

사랑하는 우리 반 아이들을
평화의 도구로 사용하소서.
친구들에게 복음을 전하며
하나님의 일하심을 나타내게 하소서.

08.31

> 네가 만일 네 아버지 다윗이 행함같이 마음을 온전히 하고 바르게 하여 내 앞에서 행하며 내가 네게 명령한 대로 온갖 일에 순종하여 내 법도와 율례를 지키면 _ 왕상 9:4

사랑하는 우리 반 아이들에게
선하고 부드러운 마음을 주셔서
믿음의 선배들의 지혜와 경험을
자신의 삶에 비추어 보고
적용하게 하소서.

05.01

그러므로 너희를 권하노니 사랑을 그들에게 나타내라 _ 고후 2:8

교사의 사명을 감당할 때
지치지 않게 하소서.
하나님의 은혜를 힘입어
날마다 새로운 사랑으로
아이들을 돌보게 하소서.

08.30

그러므로 믿음은 들음에서 나며 들음은 그리스도의 말씀으로 말미암았느니라 _ 롬 10:17

아이들의 마음에
하나님의 말씀이 심기게 하소서.
설교 시간에 듣는 말씀으로 인해
믿음이 깊어지게 하소서.

05.02

그 안에 뿌리를 박으며 세움을 받아 교훈을 받은 대로 믿음에 굳게 서서 감사함을 넘치게 하라 _ 골 2:7

우리 반 아이들이
이단의 잘못된 가르침에
넘어지지 않게 하소서.
믿음 위에 굳게 서게 하소서.

08.29

마음의 정결을 사모하는 자의 입술에는 덕이 있으므로 임금이 그의 친구가 되느니라
_ 잠 22:11

거룩하시고 순결하신 성령님,
우리 아이들의 마음에 있는
세상의 헛된 생각을 태워 주시고
정결한 영으로 채워 주소서.

05.03

여호와는 그를 경외하는 자 곧 그의 인자하심을 바라는 자를 살피사 그들의 영혼을 사망에서 건지시며 그들이 굶주릴 때에 그들을 살리시는도다
_ 시 33:18

부흥과 성장이 멈춘 것 같은
한국교회 주일학교가
다시 하나님을 바라보며
신앙을 회복하게 하소서.

08.28

그에게 마리아라 하는 동생이 있어 주의 발치에 앉아 그의 말씀을 듣더니 _ 눅 10:39

우리 반 아이들의 상상력이 풍부해져서
성경의 이야기를 들을 때
다윗과 요셉과 에스더가
생생하게 그려지게 하소서.

05.04

선한 사람은 마음에 쌓은 선에서 선을 내고 악한 자는 그 쌓은 악에서 악을 내나니 이는 마음에 가득한 것을 입으로 말함이니라 _ 눅 6:45

생명의 언어를 입술에 담은
교사가 되게 하소서.
아이들에게 이야기할 때마다
아이들이 사랑을 느끼게 하소서.

08.27

좋은 꼴을 먹이고 그 우리를 이스라엘 높은 산에 두리니 그것들이 그곳에 있는 좋은 우리에 누워 있으며 이스라엘 산에서 살진 꼴을 먹으리라 _ 겔 34:14

매주 공과를 준비할 때
말씀을 깊이 묵상하여
아이들에게 생명의 꼴을
풍성히 먹이는 교사가 되게 하소서.

05.05

그는 허물과 죄로 죽었던 너희를 살리셨도다 _ 엡 2:1

사랑하는 우리 주일학교 아이들이
십자가의 보혈로 모든 허물을 덮어 주신
예수님 안에서 참자유를 누리게 하소서.

08.26

하나님이 우리에게 주신 것은 두려워하는 마음이 아니요 오직 능력과 사랑과 절제하는 마음이니 _ 딤후 1:7

우리 아이들이
절제의 열매를 맺길 원합니다.
즉각적인 만족과 기쁨을 따르지 않고
참고 기다리며 인내하게 하소서.

05.06

우리에게 있는 대제사장은 우리의 연약함을 동정하지 못하실 이가 아니요 모든 일에 우리와 똑같이 시험을 받으신 이로되 죄는 없으시니라 _ 히 4:15

우리 아이들이 하나님과의 화평을
최고의 가치로 여기며 살길 원합니다.
하나님과의 관계를 지키기 위해
자신의 연약함을 인정하고
오직 하나님을 의지하게 하소서.

08.25

여호와께서 명령하사 네 창고와 네 손으로 하는 모든 일에 복을 내리시고 네 하나님 여호와께서 네게 주시는 땅에서 네게 복을 주실 것이며 _ 신 28:8

우리 주일학교 아이들이
학교에서도 믿음의 교사들을
만나게 하소서.
학교에서 만나는 모든 사람과
협력하여 선을 이루게 하소서.

05.07

온갖 좋은 은사와 온전한 선물이 다 위로부터 빛들의 아버지께로부터 내려오나니 그는 변함도 없으시고 회전하는 그림자도 없으시니라 _ 약 1:17

각양 좋은 은사를 허락하신 하나님,
아이들과 소통할 수 있도록 지혜를 주소서.
아이들의 말과 행동을 이해하고
품어 줄 수 있도록 인도하소서.

08.24

빌립이 입을 열어 이 글에서 시작하여 예수를 가르쳐 복음을 전하니 _ 행 8:35

사랑하는 우리 반 아이들이
자신의 마음과 생각을
편하게 나눌 수 있는
좋은 스승, 좋은 어른을
많이 만나도록 인도해 주소서.

05.08

여호와 하나님이 이르시되 사람이 혼자 사는 것이 좋지 아니하니 내가 그를 위하여 돕는 배필을 지으리라 하시니라 _ 창 2:18

우리 반 아이들에게 복을 주셔서
좋은 배필을 만나게 하소서.
하나님의 사랑이 살아있는
믿음의 가정을 이루게 하소서.

08.23

새 계명을 너희에게 주노니 서로 사랑하라 내가 너희를 사랑한 것같이 너희도 서로 사랑하라 _ 요 13:34

아이들을 사랑하는 교사가 되게 하소서.
사랑할 힘이 없는 저에게
넘치는 사랑을 부어 주셔서
아이들에게 주님의 사랑을
기쁘게 흘려보내게 하소서.

05.09

내가 평안히 눕고 자기도 하리니 나를 안전히 살게 하시는 이는 오직 여호와이시니이다
_ 시 4:8

우리 아이들의 마음과 시선에
하나님이 주시는 안전함이 심기게 하소서.
아이들의 평생에
하나님이 주시는 평안함이
든든함으로 뿌리 내리게 하소서.

08.22

이에 하나님이 그에게 이르시되 네가 이것을 구하도다 자기를 위하여 장수하기를 구하지 아니하며 부도 구하지 아니하며 자기 원수의 생명을 멸하기도 구하지 아니하고 오직 송사를 듣고 분별하는 지혜를 구하였으니
_ 왕상 3:11

사랑하는 우리 아이들에게
선과 악을 구별할 수 있는 지혜를 주소서.
해야 할 일과 해서는 안 될 일을
분별하여 행하게 하소서.

05.10

이는 하나님이 우리를 위하여 더 좋은 것을 예비하셨은즉 우리가 아니면 그들로 온전함을 이루지 못하게 하려 하심이라
_ 히 11:40

사랑하는 아이들이
만지고, 듣고, 보는 것마다
예수님이 허락하신 좋을 것들로
채워지게 하소서.

08.21

우주와 그 가운데 있는 만물을 지으신 하나님께서는 천지의 주재시니 손으로 지은 전에 계시지 아니하시고 _ 행 17:24

온 우주를 다스리시고 주관하시는
창조주 하나님을 바라보며,
창조의 생명력으로 세상을 섬기는
아이들이 되게 하소서.

05.11

이로써 그 보배롭고 지극히 큰 약속을 우리에게 주사 이 약속으로 말미암아 너희가 정욕 때문에 세상에서 썩어질 것을 피하여 신성한 성품에 참여하는 자가 되게 하려 하셨느니라
_ 벧후 1:4

그리스도의 향기가 나는
교사가 되길 원합니다.
예수님을 닮은 성품으로
아이들에게 본이 되게 하소서.

08.20

묵시가 없으면 백성이 방자히 행하거니와 율법을 지키는 자는 복이 있느니라 _ 잠 29:18

사랑하는 아이들이
진리 안에서 올바른 정체성으로
건강한 성 윤리 의식을 갖게 하소서.

05.12

지혜가 네 영혼에게 이와 같은 줄을 알라 이것을 얻으면 정녕히 네 장래가 있겠고 네 소망이 끊어지지 아니하리라 _ 잠 24:14

받은 은사에 감사하며
진로를 계획하는 아이들이 되게 하소서.
자신의 욕심을 이루려는 꿈이 아니라
하나님이 주신 꿈을 꾸게 하소서.

08.19

너희 성도들아 여호와를 경외하라 그를 경외하는 자에게는 부족함이 없도다 _ 시 34:9

아이들의 마음에
하나님을 경외하는 마음이
자리 잡게 하소서.
삶의 우선순위가 하나님이 되게 하시고
하나님을 섬기는 마음이 깊어지게 하소서.

05.13

네 집 안방에 있는 네 아내는 결실한 포도나무 같으며 네 식탁에 둘러앉은 자식들은 어린 감람나무 같으리로다 여호와를 경외하는 자는 이같이 복을 얻으리로다 _ 시 128:3-4

세상에서 힘든 일을 겪은 아이들이
가정에서 회복되게 하소서.
사랑이 넘치는 평안한 가정에서
새로운 힘을 얻게 하소서.

08.18

지혜가 제일이니 지혜를 얻으라 네가 얻은 모든 것을 가지고 명철을 얻을지니라 _ 잠 4:7

우리 주일학교 아이들이 다니는 학교가
아이들의 적성과 소질에 맞추어
교육하는 학교가 되게 하소서.
아이들을 세심히 살피게 하소서.

05.14

여호와께 그의 이름에 합당한 영광을 돌리며 거룩한 옷을 입고 여호와께 예배할지어다
_ 시 29:2

아이들과 부모들의 우선순위가
바로 서게 하소서.
어떤 상황에서도
하나님을 예배하는 시간을
가장 귀하게 여기게 하소서.

08.17

하나님의 나라는 먹는 것과 마시는 것이 아니요 오직 성령 안에 있는 의와 평강과 희락이라
_ 롬 14:17

사랑하는 아이들이 주일학교를 통해 하나님 나라를 경험하길 원합니다.
성령 안에서 의와 평강과 희락을 누리는 주일학교가 되게 하소서.

05.15

애통하는 자는 복이 있나니 그들이 위로를 받을 것임이요
_ 마 5:4

세상의 악을 걱정하며 탄식하기보다
손을 모으고 기도하는
교사가 되게 하소서.
삶의 현실에 무기력하게 억눌리지 않고
담대한 믿음을 갖게 하소서.

08.16

아기가 자라며 강하여지고 지혜가 충만하며 하나님의 은혜가 그의 위에 있더라 _ 눅 2:40

아이들이 몸의 변화에
당황하거나 두려워하지 않게 하소서.
자신이 성장하며 성숙하고 있음을
자연스럽게 받아들이게 하소서.

오직 내 말을 듣는 자는 평안히 살며 재앙의 두려움이 없이 안전하리라 _ 잠 1:33

사랑하는 우리 아이들이
평안하다 안전하다 말씀하시는
예수님의 음성을
매일매일 확인하게 하소서.

08.15

온유한 자는 복이 있나니 그들이 땅을 기업으로 받을 것임이요 _ 마 5:5

우리에게 모든 것을 내어 주신
예수님의 온유하고 겸손한 성품을 닮는
교사가 되길 원합니다.
내 마음의 생각을 내려놓게 하소서.

05.17

여호와께서 자기 백성의 상처를 싸매시며 그들의 맞은 자리를 고치시는 날에는 달빛은 햇빛 같겠고 햇빛은 일곱 배가 되어 일곱 날의 빛과 같으리라
_ 사 30:26

사랑하는 아이들의 마음속에 있는
상처와 외로움과 낮은 자존감을
치유하여 주소서.
성령님을 만남으로 인해
회복의 능력을 경험하게 하소서.

08.14

하나님의 말씀은 살아 있고 활력이 있어 좌우에 날선 어떤 검보다도 예리하여 혼과 영과 및 관절과 골수를 찔러 쪼개기까지 하며 또 마음의 생각과 뜻을 판단하나니 _ 히 4:12

살아 있고 운동력 있는 하나님의 말씀을
깨닫는 아이들이 되게 하소서.
마음을 찌르고 쪼개는
말씀의 능력을 경험하게 하소서.

05.18

누가 철학과 헛된 속임수로 너희를 사로잡을까 주의하라 이것은 사람의 전통과 세상의 초등학문을 따름이요 그리스도를 따름이 아니니라 _ 골 2:8

사랑하는 우리 아이들이 다니는 학교에
이단이 침투하지 못하도록 지켜 주소서.
위장 상담, 설문 조사, 문화 공연을 가장한
이단의 속임수에 아이들이
넘어가지 않게 하소서.

08.13

그러므로 너희가 더욱 힘써 너희 믿음에 덕을, 덕에 지식을, 지식에 절제를, 절제에 인내를, 인내에 경건을, 경건에 형제 우애를, 형제 우애에 사랑을 더하라 _ 벧후 1:5-7

아이들의 가정을
생명력이 넘치는 가정으로 인도하소서.
지식에 절제를, 절제에 인내를,
인내에 경건을, 경건에 형제 우애를,
형제 우애에 사랑을 더해 주소서.

05.19

그들이 먹을 때에 예수께서 떡을 가지사 축복하시고 떼어 제자들에게 주시며 이르시되 받으라 이것은 내 몸이니라 하시고
_ 막 14:22

삶으로 제자들과 말씀을 나누셨던 예수님처럼 주일학교 아이들과 함께 말씀 때문에 웃고 말씀으로 눈물짓는 교사가 되게 하소서.

08.12

철이 철을 날카롭게 하는 것같이 사람이 그 친구의 얼굴을 빛나게 하느니라 _ 잠 27:17

학교와 학원에서 긴 시간을 보내는
아이들이 친구들을 경쟁상대로
생각하지 않게 하소서.
서로의 동반자가 되어 주며
좋은 우정을 쌓게 하소서.

05.20

우리에게 향하신 여호와의 인자하심이 크시고 여호와의 진실하심이 영원함이로다 할렐루야
_ 시 117:2

온유하시고 노하기를 더디 하시는 하나님,
사랑하는 우리 주일학교 아이들에게
변함없는 인자하심과 진실하심으로
함께해 주소서.

08.11

나는 선한 목자라 나는 내 양을 알고 양도 나를 아는 것이 아버지께서 나를 아시고 내가 아버지를 아는 것 같으니 나는 양을 위하여 목숨을 버리노라
_ 요 10:14-15

인생에 사망의 음침한 골짜기가
찾아와도 두려워하지 않고
목자이신 예수님을 따라가는
교사가 되게 하소서.

05.21

하나님의 성전과 우상이 어찌 일치가 되리요 우리는 살아 계신 하나님의 성전이라 이와 같이 하나님께서 이르시되 내가 그들 가운데 거하며 두루 행하여 나는 그들의 하나님이 되고 그들은 나의 백성이 되리라
_ 고후 6:16

우리 주일학교 아이들이
유물론적 세계관에 물들지 않고
생명을 존중하며
더불어 사는 삶의 가치를
분명히 깨닫게 하소서.

08.10

롯이 아브람을 떠난 후에 여호와께서 아브람에게 이르시되 너는 눈을 들어 너 있는 곳에서 북쪽과 남쪽 그리고 동쪽과 서쪽을 바라보라 보이는 땅을 내가 너와 네 자손에게 주리니 영원히 이르리라 _ 창 13:14-15

하나님에 대한 지식이 넓어지는
주일학교 아이들이 되게 하소서.
하나님의 크고 광대하심을 바라보는
신앙의 눈이 활짝 열리게 하소서.

05.22

그리스도의 평강이 너희 마음을 주장하게 하라 너희는 평강을 위하여 한 몸으로 부르심을 받았나니 너희는 또한 감사하는 자가 되라 _ 골 3:15

주일학교 아이들이
예수님의 성품을 닮아
작은 일에도 감사를 고백하며
이웃을 도와주는 마음을 갖게 하소서.

08.09

진실로 다시 너희에게 이르노니 너희 중의 두 사람이 땅에서 합심하여 무엇이든지 구하면 하늘에 계신 내 아버지께서 그들을 위하여 이루게 하시리라
_ 마 18:19

우리 아이들의 가정이
서로를 위해 기도하는 가정이 되게 하소서.
어떤 어려움을 만날지라도
기도의 응답을 받는
복된 가정이 되게 하소서.

05.23

화평하게 하는 자는 복이 있나니 그들이 하나님의 아들이라 일컬음을 받을 것임이요
_ 마 5:9

화평의 도구로 쓰임 받는
교사가 되게 하소서.
참된 평화가 무엇인지 알게 하시고
풍성한 화평을 누리며
화평하게 하는 자가 되게 하소서.

08.08

그러므로 우리가 디도를 권하여 그가 이미 너희 가운데서 시작하였은즉 이 은혜를 그대로 성취하게 하라 하였노라
_ 고후 8:6

아이들이 맡은 일을 성취할 때,
하나님이 주시는 만족감을 느끼게 하소서.
성취의 기쁨으로 한 걸음 더 나아가는
힘을 얻게 하소서.

05.24

누가 주의 이 많은 백성을 재판할 수 있사오리이까 듣는 마음을 종에게 주사 주의 백성을 재판하여 선악을 분별하게 하옵소서 _ 왕상 3:9

우리 반 아이들이
솔로몬을 닮길 원합니다.
아이들에게 선악을 분별할 수 있는
지혜로운 마음을 주소서.

08.07

그런즉 네가 공의와 정의와 정직 곧 모든 선한 길을 깨달을 것이라 _ 잠 2:9

예수님을 나의 최고로 자랑하는
교사가 되게 하소서.
말씀을 따라 사는 길이 가장 선한 길임을
증거하는 삶이 되게 하소서.

05.25

소망의 하나님이 모든 기쁨과 평강을 믿음 안에서 너희에게 충만하게 하사 성령의 능력으로 소망이 넘치게 하시기를 원하노라 _ 롬 15:13

우리 반 아이들의 가정에
성령의 충만함을 더해 주셔서
가정에 평화가 깃들게 하소서.
영적으로 깊어지는 가정이 되게 하소서.

08.06

구하라 그리하면 너희에게 주실 것이요 찾으라 그리하면 찾아낼 것이요 문을 두드리라 그리하면 너희에게 열릴 것이니 _ 마 7:7

주일학교 아이들이 다니는 학교에
기도 운동이 일어나게 하소서.
함께 기도하며 서로에게 힘이 되어 주고
학교에서도 하나님을 의지하게 하소서.

05.26

선을 행하는 각 사람에게는 영광과 존귀와 평강이 있으리니 먼저는 유대인에게요 그리고 헬라인에게라 이는 하나님께서 외모로 사람을 취하지 아니하심이라 _ 롬 2:10-11

우리 주일학교 아이들이
자신의 외모뿐만 아니라
다른 사람의 외모를 평가하지 않게 하소서.
자신을 사랑하고
이웃을 사랑하게 하소서.

08.05

주께서 생명의 길을 내게 보이시리니 주의 앞에는 충만한 기쁨이 있고 주의 오른쪽에는 영원한 즐거움이 있나이다
_ 시 16:11

우리 반 아이들에게 성실함을 주셔서
한 주 동안 주일예배를 기다리며
예배의 감동과 기쁨을 사모하게 하소서.
하나님을 기뻐하는 예배자로 세워 주소서.

05.27

누가 누구에게 불만이 있거든
서로 용납하여 피차 용서하되
주께서 너희를 용서하신 것같이
너희도 그리하고 _ 골 3:13

부모와 교사들이 주일학교 아이들의
호기심을 잘 수용하게 하소서.
아이들이 스스로 생각하며
신앙을 키우도록
열린 질문을 하게 하소서.

08.04

내가 진실로 진실로 너희에게 이르노니 한 알의 밀이 땅에 떨어져 죽지 아니하면 한 알 그대로 있고 죽으면 많은 열매를 맺느니라 _ 요 12:24

교사의 사명을 감당하면서
지치거나 낙심하지 않게 하소서.
하나님이 맺게 하실 아름다운
열매를 소망하며
다시금 힘을 내게 하소서.

05.28

누구든지 주의 이름을 부르는 자는 구원을 받으리라
_ 롬 10:13

사랑하는 우리 반 아이들이
구원의 기쁨을 누리길 원합니다.
우리를 구원해 주신
하나님의 참사랑을 깨닫게 하소서.

08.03

예수께서 즉시 손을 내밀어 그를 붙잡으시며 이르시되 믿음이 작은 자여 왜 의심하였느냐 하시고 _ 마 14:31

은혜와 자비가 풍성하신 하나님,
아이들이 연약하여 넘어져 있을 때
친절하게 다가와 손을 내밀어 주시고,
주님의 오른손으로 다시 일으켜 주소서.

05.29

주의 빛과 주의 진리를 보내시어 나를 인도하시고 주의 거룩한 산과 주께서 계시는 곳에 이르게 하소서 _ 시 43:3

우리 아이들이 걸어가는 삶의 길을
진리의 빛으로 비춰 주시고
바른길로 인도해 주소서.
하나님이 아이들의 인도자가 되어 주소서.

08.02

둘째는 이것이니 네 이웃을 네 자신과 같이 사랑하라 하신 것이라 이보다 더 큰 계명이 없느니라 _ 막 12:31

교사들과 아이들이
서로 사랑하기를 주저하지 않는
주일학교가 되게 하소서.
서로를 내 몸과 같이 사랑하는
사랑의 공동체가 되게 하소서.

05.30

예수께서 이르시되 내가 곧 길이요 진리요 생명이니 나로 말미암지 않고는 아버지께로 올 자가 없느니라 _ 요 14:6

사랑하는 우리 반 아이들이
길과 진리와 생명이신
예수님을 따라 살게 하소서.
믿음의 여정을 걸으며 아름다운 소식을
전하는 아이들이 되게 하소서.

08.01

오직 하나님이 성령으로 이것을 우리에게 보이셨으니 성령은 모든 것 곧 하나님의 깊은 것까지도 통달하시느니라 _ 고전 2:10

오직 성령의 능력을 힘입어
증인의 사명을 감당하게 하소서.
맡겨진 영혼을 포기하지 않고
끝까지 돌보는 교사가 되게 하소서.

05.31

보라 내가 새 일을 행하리니 이제 나타낼 것이라 너희가 그것을 알지 못하겠느냐 반드시 내가 광야에 길을 사막에 강을 내리니 _ 사 43:19

우리 반 아이들이
미래를 불안해하지 않게 하소서.
광야에 물을 솟게 하시며
사막에 시내를 만드신
전능하신 하나님을 의지하게 하소서.

07.31

다니엘이 이 조서에 왕의 도장이 찍힌 것을 알고도 자기 집에 돌아가서는 윗방에 올라가 예루살렘으로 향한 창문을 열고 전에 하던 대로 하루 세 번씩 무릎을 꿇고 기도하며 그의 하나님께 감사하였더라 _ 단 6:10

사랑하는 아이들에게 기쁨을 주소서.
매일의 삶에서 감사가 흘러나와
두 손을 모아 기도하는
복이 가득한 아이들이 되게 하소서.

06.01

오직 성령이 너희에게 임하시면 너희가 권능을 받고 예루살렘과 온 유대와 사마리아와 땅끝까지 이르러 내 증인이 되리라 하시니라 _ 행 1:8

저를 제자로 삼아 주셔서 감사합니다.
아이들에게 말씀을 바르게 가르치고
복음을 담대히 증거하도록
은혜를 부어 주소서.

07.30

곧 예수 그리스도를 믿음으로 말미암아 모든 믿는 자에게 미치는 하나님의 의니 차별이 없느니라 _ 롬 3:22

우리 주일학교 아이들이 다니는 학교가 장애인과 비장애인이 함께 공부하고 어울려 놀 수 있는 학교이길 원합니다. 차별 없는 학교가 되게 하소서.

나의 힘이신 여호와여 내가 주를 사랑하나이다 여호와는 나의 반석이시요 나의 요새시요 나를 건지시는 이시요 나의 하나님이시요 내가 그 안에 피할 나의 바위시요 나의 방패시요 나의 구원의 뿔이시요 나의 산성이시로다 _ 시 18:1-2

주일학교 아이들에게
풍부한 감성과 표현력을 허락해 주셔서
예수님을 가장 사랑한다고
고백하도록 인도해 주소서.

07.29

오직 성령의 열매는 사랑과 희락과 화평과 오래 참음과 자비와 양선과 충성과 온유와 절제니 이 같은 것을 금지할 법이 없느니라 _ 갈 5:22-23

성령의 열매를 맺는
아이들이 되게 하소서.
사랑, 희락, 화평, 오래 참음, 자비,
양선, 충성, 온유, 절제의 열매를 맺으며
예수님의 성품을 닮아 가게 하소서.

06.03

세상에 있는 자기 사람들을 사랑하시되 끝까지 사랑하시니라
_ 요 13:1

우리를 끝까지 사랑하시는 하나님,
한없는 사랑으로 아이들을 돌봐 주시고
사랑의 음성을 들려 주시니 감사합니다.
우리도 하나님을 끝까지 사랑하도록
마음을 지켜 주소서.

07.28

여호와를 경외하는 도는 정결하여 영원까지 이르고 여호와의 법도 진실하여 다 의로우니 금 곧 많은 순금보다 더 사모할 것이며 꿀과 송이꿀보다 더 달도다 _ 시 19:9-10

사랑하는 우리 반 아이들이
하나님의 말씀을
순금보다 더 사모하게 하소서.
꿀과 송이꿀보다 더 달게
하나님의 말씀을 맛보게 하소서.

06.04

우리의 소망이나 기쁨이나 자랑의 면류관이 무엇이냐 그가 강림하실 때 우리 주 예수 앞에 너희가 아니냐 _ 살전 2:19

가르쳤던 아이들이 믿음 안에서
잘 성장하고 그 아이들이 다시
주일학교 교사로 봉사하는 모습을 보는
기쁨을 얻게 하소서.
영적인 기쁨을 누리게 하소서.

07.27

이는 보좌 가운데에 계신 어린 양이 그들의 목자가 되사 생명수 샘으로 인도하시고 하나님께서 그들의 눈에서 모든 눈물을 씻어 주실 것임이라 _ 계 7:17

위로가 필요한 아이들의 눈물을
닦아 주는 교사가 되게 하소서.
회복되는 아이들을 보며
큰 기쁨을 얻게 하소서.

06.05

하나님의 나라를 전파하며 주 예수 그리스도에 관한 모든 것을 담대하게 거침없이 가르치더라 _ 행 28:31

주일학교 아이들에게 창의성을 주소서.
하나님 나라와 복음의 소식을
다양한 방법으로 지혜롭게 전하게 하소서.

07.26

그러나 여호와여, 이제 주는 우리 아버지시니이다 우리는 진흙이요 주는 토기장이시니 우리는 다 주의 손으로 지으신 것이니이다 _ 사 64:8

주일학교 아이들이
성경 속의 인물들을 만날 때,
그들의 믿음과 순종을 본받게 하소서.
우리 아이들을 하나님 나라의
일꾼으로 빚어 주소서.

06.06

시온의 자녀들아 너희는 너희 하나님 여호와로 말미암아 기뻐하며 즐거워할지어다 그가 너희를 위하여 비를 내리시되 이른 비를 너희에게 적당하게 주시리니 이른 비와 늦은 비가 예전과 같을 것이라 _ 욜 2:23

사랑하는 우리 반 아이들에게
영의 양식을 부어 주소서.
이른 비와 늦을 비를 내려 주셔서
주님의 은혜를 경험하게 하소서.

07.25

네 자녀에게 부지런히 가르치며 집에 앉았을 때에든지 길을 갈 때에든지 누워 있을 때에든지 일어날 때에든지 이 말씀을 강론할 것이며 _ 신 6:7

우리 반 아이들이 가정에서도
말씀을 가르침 받길 원합니다.
부모들에게 지혜를 주셔서
어디서든지 말씀으로 아이들을
양육하게 하소서.

06.07

나의 생전에 여호와를 찬양하며
나의 평생에 내 하나님을 찬송
하리로다 _ 시 146:2

교사의 사명을
평생의 소명으로 여기길 원합니다.
아이들이 하는 믿음의 고백이
하나님의 격려로 들리게 하소서.

07.24

사람이 친구를 위하여 자기 목숨을 버리면 이보다 더 큰 사랑이 없나니 너희는 내가 명하는 대로 행하면 곧 나의 친구라
_ 요 15:13-14

우리 반 아이들이
믿음의 친구를 많이 만나게 하소서.
어려울 때 기도를 부탁할 수 있는 친구,
기쁠 때도 함께할 수 있는 친구를
만나게 하소서.

06.08

너희 안에 이 마음을 품으라 곧
그리스도 예수의 마음이니
_ 빌 2:5

우리 아이들의 가정이
서로를 사랑하는 가정이 되게 하소서.
그리스도 예수의 마음으로 품고
서로를 보듬어 주게 하소서.

07.23

곧 하나님께서 그리스도 안에 계시사 세상을 자기와 화목하게 하시며 그들의 죄를 그들에게 돌리지 아니하시고 화목하게 하는 말씀을 우리에게 부탁하셨느니라 _ 고후 5:19

우리 반 아이들의 가정이
화목하게 하소서.
세상의 기준이 아닌
하나님 말씀을 기준으로 살아가는
가정이 되게 하소서.

06.09

너는 내게 부르짖으라 내가 네게 응답하겠고 네가 알지 못하는 크고 은밀한 일을 네게 보이리라 _ 렘 33:3

우리 주일학교의 부흥을 허락해 주소서.
한마음으로 하나님께
부르짖으며 기도할 때
크고 은밀한 일을 보여 주소서.

07.22

하나님을 따라 의와 진리의 거룩함으로 지으심을 받은 새 사람을 입으라 _ 엡 4:24

주일학교 아이들이 설교를 들을 때
말씀이 깨달아지게 하시고
말씀으로 변화되게 하소서.

06.10

그는 벤 풀 위에 내리는 비같이, 땅을 적시는 소낙비같이 내리리니 그의 날에 의인이 흥왕하여 평강의 풍성함이 달이 다할 때까지 이르리로다 _ 시 72:6-7

마른 땅에 단비를 내리시는 하나님,
갈급한 우리 아이들의 영혼을
채워 주시길 원합니다.
아이들에게 말씀이 심기게 하소서.

07.21

네가 네 자신과 가르침을 살펴 이 일을 계속하라 이것을 행함으로 네 자신과 네게 듣는 자를 구원하리라 _ 딤전 4:16

아이들의 사랑을 받는
교사가 되길 원합니다.
아이들이 존경하고 따를 수 있는
교사가 되게 하소서.

06.11

또 사랑은 이것이니 우리가 그 계명을 따라 행하는 것이요 계명은 이것이니 너희가 처음부터 들은 바와 같이 그 가운데서 행하라 하심이라 _ 요이 1:6

교사로 섬기며 지칠 때마다
하나님이 처음 주신 마음을 돌아보며
사명을 회복하게 하소서.
하나님이 주시는 힘으로
일어서게 하소서.

07.20

그가 경건하여 온 집안과 더불어 하나님을 경외하며 백성을 많이 구제하고 하나님께 항상 기도하더니 _ 행 10:2

우리 반 아이들의 가정이
하나님의 말씀이 살아있는
울타리가 되길 원합니다.
각 가정의 가정예배가 살아나게 하소서.

06.12

요나단은 다윗을 자기 생명같이 사랑하여 더불어 언약을 맺었으며 요나단이 자기가 입었던 겉옷을 벗어 다윗에게 주었고 자기의 군복과 칼과 활과 띠도 그리하였더라 _ 삼상 18:3-4

주일학교 아이들에게
만남의 복을 주셔서
친구들과 깊은 우정을 나누게 하소서.
서로의 어깨에 기댈 수 있을 만큼
마음이 잘 맞도록 인도하소서.

07.19

그들이 조반 먹은 후에 예수께서 시몬 베드로에게 이르시되 요한의 아들 시몬아 네가 이 사람들보다 나를 더 사랑하느냐 하시니 이르되 주님 그러하나이다 내가 주님을 사랑하는 줄 주님께서 아시나이다 이르시되 내 어린 양을 먹이라 하시고
_ 요 21:15

맡겨진 양들에게
생명의 말씀을 먹이고
사랑을 나누어 줄 수 있도록
은사를 부어 주소서.

06.13

궁핍한 자는 그의 고통으로부터 건져 주시고 그의 가족을 양 떼 같이 지켜 주시나니 _ 시 107:41

우리 반 아이들이
하나님이 주신 가정에 감사하며
가족들로 인해 기뻐하게 하소서.
자신의 부족함과 연약함을 채워 주는
가정의 울타리에 감사하게 하소서.

07.18

그러므로 형제들아 내가 하나님의 모든 자비하심으로 너희를 권하노니 너희 몸을 하나님이 기뻐하시는 거룩한 산 제물로 드리라 이는 너희가 드릴 영적 예배니라 _ 롬 12:1

우리 반 아이들에게
예배하는 기쁨을 부어 주셔서
균형 있는 건강한 예배자로
성장하게 하소서.

06.14

내가 나의 침상에서 주를 기억하며 새벽에 주의 말씀을 작은 소리로 읊조릴 때에 하오리니 주는 나의 도움이 되셨음이라 내가 주의 날개 그늘에서 즐겁게 부르리이다 _ 시 63:6-7

주일학교 아이들에게 성경 말씀을
암송할 수 있는 지혜를 주소서.
아이들의 마음과 생각에 말씀이 심기고,
그 말씀이 아이들을 살리는
생명이 되게 하소서.

07.17

하나님은 나의 견고한 요새시며
나를 안전한 곳으로 인도하시며
_ 삼하 22:33

불안감을 경험할 때
견고한 진이신 하나님께 달려가는
아이들이 되게 하소서.
안전한 곳으로 인도하시는
하나님을 의지하게 하소서.

06.15

여호와께서는 자기 백성을 기뻐하시며 겸손한 자를 구원으로 아름답게 하심이로다
_ 시 149:4

교만한 마음이 들 때마다
연약하고 부족한 저의 모습을
돌아보는 교사가 되게 하소서.
항상 하나님 앞에 겸손히 서게 하소서.

07.16

네 하나님 여호와께서 너와 네 집에 주신 모든 복으로 말미암아 너는 레위인과 너희 가운데에 거류하는 객과 함께 즐거워할지니라 _ 신 26:11

말씀을 가르치는 교사들과
가르침을 받는 아이들 모두가
예수님과 날마다 동행하게 하소서.
하나님이 주시는 모든 좋은 것을 나누며
함께 복을 누리게 하소서.

06.16

그러나 내가 이스라엘 가운데에 칠천 명을 남기리니 다 바알에게 무릎을 꿇지 아니하고 다 바알에게 입 맞추지 아니한 자니라 _ 왕상 19:18

우리 주일학교 아이들이
바알에게 무릎 꿇지 않는
믿음의 일꾼들이 되게 하소서.
세상을 변화시키며
날마다 승리하게 하소서.

07.15

또 이르시되 너희는 온 천하에 다니며 만민에게 복음을 전파하라 _ 막 16:15

예수님의 이름을
온 세상에 전했던 제자들처럼
복음을 전하지 않고는 견딜 수 없는
믿음을 가진 아이들이 되게 하소서.

06.17

그런즉 내가 하나님의 제단에 나아가 나의 큰 기쁨의 하나님께 이르리이다 하나님이여 나의 하나님이여 내가 수금으로 주를 찬양하리이다 _ 시 43:4

사랑하는 주일학교 아이들의 마음에
예배의 기쁨, 찬양의 기쁨을
가득 채워 주소서.
예배에 올 때마다 참 좋으신 하나님을
만날 기대로 가득하게 하소서.

07.14

하나님의 율법책을 낭독하고 그 뜻을 해석하여 백성에게 그 낭독하는 것을 다 깨닫게 하니 백성이 율법의 말씀을 듣고 다 우는지라 _ 느 8:8

주일학교 아이들에게 말씀을 먹이는
목회자에게 열정을 부어 주소서.
설교를 준비하며 말씀을 깊이 묵상할 때
하나님의 뜻을 깨닫는
큰 은혜가 있게 하소서.

06.18

이는 너희가 흠이 없고 순전하여 어그러지고 거스르는 세대 가운데서 하나님의 흠 없는 자녀로 세상에서 그들 가운데 빛들로 나타내며 _ 빌 2:15

하나님 나라를 파괴하려는
사탄의 계략에 속지 않는
우리 반 아이들이 되게 하소서.
악하고 음란한 세대를
본받지 않게 하소서.

07.13

너는 여기 내 곁에 서 있으라 내가 모든 명령과 규례와 법도를 네게 이르리니 너는 그것을 그들에게 가르쳐서 내가 그들에게 기업으로 주는 땅에서 그들에게 이것을 행하게 하라 하셨나니
_ 신 5:31

추수할 것은 많지만 일꾼이 적다고
근심하신 예수님을 기억하며
아이들을 진리의 길로 인도하는
교사가 되게 하소서.

06.19

너희의 믿음의 역사와 사랑의 수고와 우리 주 예수 그리스도에 대한 소망의 인내를 우리 하나님 아버지 앞에서 끊임없이 기억함이니 하나님의 사랑하심을 받은 형제들아 너희를 택하심을 아노라 _ 살전 1:3-4

우리 주일학교 아이들이
선생님들의 헌신과 사랑을
기억하게 하소서.
선생님들께 감사를 표현하는
따뜻한 마음을 가진 아이들이 되게 하소서.

07.12

그의 영광의 풍성함을 따라 그의 성령으로 말미암아 너희 속사람을 능력으로 강건하게 하시오며 _ 엡 3:16

성경학교에서 말씀을 전하는
목회자의 건강을 붙들어 주소서.
지치지 않게 하시고,
성령의 충만함으로 가득 채워 주소서.

06.20

예수께서 손을 내밀어 그에게 대시며 이르시되 내가 원하노니 깨끗함을 받으라 하신대 나병이 곧 떠나니라 _ 눅 5:13

이웃을 사랑하는
우리 반 아이들이 되길 원합니다.
도움이 필요한 친구들에게
용기를 내어 손 내밀게 하소서.

07.11

서로 돌아보아 사랑과 선행을 격려하며 모이기를 폐하는 어떤 사람들의 습관과 같이 하지 말고 오직 권하여 그날이 가까움을 볼수록 더욱 그리하자
_ 히 10:24-25

성경학교가 진행되는 동안
서로의 필요를 살피게 하소서.
친구에게 관심을 가지고 서로 배려하는
성경학교가 되게 하소서.

06.21

이는 만물이 주에게서 나오고 주로 말미암고 주에게로 돌아감이라 그에게 영광이 세세에 있을지어다 아멘 _ 롬 11:36

하나님이 만드신 세상을
사랑하는 아이들이 되게 하소서.
하나님의 피조물들을
지혜롭게 다스리며 살게 하소서.

07.10

여호와께서 그를 황무지에서, 짐승이 부르짖는 광야에서 만나시고 호위하시며 보호하시며 자기의 눈동자같이 지키셨도다
_ 신 32:10

성경학교가 진행되는 동안
어떠한 사고도 일어나지 않게 하소서
우리 아이들을 안전하게 보호해 주시고
눈동자같이 지켜 주소서.

06.22

우리가 그의 계신 곳으로 들어가서 그의 발등상 앞에서 엎드려 예배하리로다 _ 시 132:7

사랑하는 우리 반 아이들이
하나님의 말씀 앞에 엎드리는
신앙을 배우게 하소서.
말씀에 자신을 비추어 보고
마음을 돌이키게 하소서.

07.09

여호와는 나의 목자시니 내게 부족함이 없으리로다 _ 시 23:1

성경학교의 모든 순서마다
하나님의 일하심을 보게 하소서.
우리의 필요를 채워 주시고
부족함이 없는 성경학교가 되게 하소서.

06.23

주께서 이 나라를 창성하게 하시며 그 즐거움을 더하게 하셨으므로 추수하는 즐거움과 탈취물을 나눌 때의 즐거움같이 그들이 주 앞에서 즐거워하오니
_ 사 9:3

하나님의 뜻을 위해서라면
손해를 걱정하지 않길 원합니다.
아이들에게 아낌없이
나눌 수 있는 교사가 되게 하소서.

07.08

도가니는 은을, 풀무는 금을 연단하거니와 여호와는 마음을 연단하시느니라 _ 잠 17:3

성경학교의 모든 순서를 통해서
우리의 믿음을 다듬어 주소서.
아이들이 하나님의 손길을 경험하는
성경학교가 되게 하소서.

06.24

내가 주와 또는 선생이 되어 너희 발을 씻었으니 너희도 서로 발을 씻어 주는 것이 옳으니라
_ 요 13:14

제자들의 발을 직접 닦아 주신
예수님의 겸손함을 본받는
교사가 되게 하소서.
아이들의 연약함을 품어 주는
선한 마음을 갖게 하소서.

07.07

이는 그리스도께서 내 안에서 말씀하시는 증거를 너희가 구함이니 그는 너희에게 대하여 약하지 않고 도리어 너희 안에서 강하시니라 _ 고후 13:3

삶 속에서 담대하게 주님을 증거하는 아이들이 되길 원합니다. 성경학교를 통해 아이들의 믿음이 강해지게 하소서.

06.25

낮에와 같이 단정히 행하고 방탕하거나 술 취하지 말며 음란하거나 호색하지 말며 다투거나 시기하지 말고 오직 주 예수 그리스도로 옷 입고 정욕을 위하여 육신의 일을 도모하지 말라
_ 롬 13:13-14

아이들이 다니는
유치원이나 학교 안에 자리하고 있는
거짓, 음란, 폭력 등의
악한 문화들이 사라지게 하소서.

07.06

형제들아 너희가 자유를 위하여 부르심을 입었으나 그러나 그 자유로 육체의 기회를 삼지 말고 오직 사랑으로 서로 종 노릇 하라 _ 갈 5:13

성경학교를 준비하면서 생기는
다양한 의견을 하나로 모아 주소서.
준비하는 모든 과정에서
서로를 존중하며 배려하게 하소서.

06.26

예물을 제단 앞에 두고 먼저 가서 형제와 화목하고 그 후에 와서 예물을 드리라 _ 마 5:24

사랑하는 우리 반 아이들이
친구들과 다투지 않게 하소서.
지혜롭게 대화하게 하며
서로 베풀고 양보하게 하소서.

07.05

너희는 여호와 우리 하나님을 높이고 그 성산에서 예배할지어다 여호와 우리 하나님은 거룩하심이로다 _ 시 99:9

성경학교에서 드리는 예배에
성령의 기름을 부어 주소서.
아이들이 마음껏 하나님을 높이며
말씀을 깊이 깨닫게 하소서.

06.27

너희 생각에는 어떠하냐 만일 어떤 사람이 양 백 마리가 있는데 그중의 하나가 길을 잃었으면 그 아흔아홉 마리를 산에 두고 가서 길 잃은 양을 찾지 않겠느냐 _ 마 18:12

한 영혼을 귀하게 여기는
교사의 마음을 저에게 주소서.
제가 받은 은혜와 사랑을
아이들에게 흘려보내게 하소서.

07.04

모든 지킬 만한 것 중에 더욱 네 마음을 지키라 생명의 근원이 이에서 남이니라 _ 잠 4:23

성경학교에서 은혜를 경험하는 동안
그 무엇도 아이들을 흔들지 못하게 하소서.
아이들의 마음을 지켜 주시고,
성령님이 함께해 주소서.

06.28

실로 내가 내 영혼으로 고요하고 평온하게 하기를 젖 뗀 아이가 그의 어머니 품에 있음 같게 하였나니 내 영혼이 젖 뗀 아이와 같도다 _ 시 131:2

아이들의 믿음을 성장시키는
주일학교가 되게 하소서.
아이들이 주일학교에서
하나님의 품을 경험하게 하시고
하나님의 능력을 찬양하게 하소서.

07.03

자기의 마음을 믿는 자는 미련한 자요 지혜롭게 행하는 자는 구원을 얻을 자니라 _ 잠 28:26

아이들이 학업 계획과 가정의 일정을
지혜롭게 조절하여
성경학교에 참여할 수 있도록 인도하소서.

06.29

너희도 성령 안에서 하나님이 거하실 처소가 되기 위하여 그리스도 예수 안에서 함께 지어져 가느니라 _ 엡 2:22

서로를 섬기고 희생하며 성령 안에서
하나 되는 주일학교가 되게 하소서.
모두의 신앙과 성품이 함께 성장하며
그리스도의 장성한 분량까지
자라게 하소서.

07.02

내가 너희에게 뱀과 전갈을 밟으며 원수의 모든 능력을 제어할 권능을 주었으니 너희를 해칠 자가 결코 없으리라
_ 눅 10:19

아이들이 성경학교 참여를 결단할 때
수많은 영적 싸움이 시작됩니다.
영적 전쟁에서 선악을 분별할 수 있도록
지혜와 능력을 부어 주소서.

06.30

여호와의 이름은 견고한 망대라 의인은 그리로 달려가서 안전함을 얻느니라 _ 잠 18:10

우리의 견고한 망대이신 하나님,
우리 아이들의 든든한 방패가 되어 주시고,
피할 바위가 되어 주소서.
아이들이 두려운 상황에 있을지라도
하나님을 의지하게 하소서.

07.01

히스기야 왕이 귀인들과 더불어 레위 사람을 명령하여 다윗과 선견자 아삽의 시로 여호와를 찬송하게 하매 그들이 즐거움으로 찬송하고 몸을 굽혀 예배하니라 _ 대하 29:30

하나님께 온전히 집중하는
성경학교(수련회)가 되길 원합니다.
기쁘게 찬양하고 뜨겁게 기도하는
성경학교(수련회)가 되게 하소서.